自由备忘录

——对法国大革命基本原则的历史反思

姚 鹏 著

中国华侨出版社

图书在版编目（CIP）数据

自由备忘录/姚鹏著.—北京：中国华侨出版社，
2012.11

ISBN 978-7-5113-3074-1

Ⅰ.①自…　Ⅱ.①姚…　Ⅲ.①法国大革命－研究
Ⅳ.①K565.41

中国版本图书馆 CIP 数据核字（2012）第 271159 号

● 自由备忘录——对法国大革命基本原则的历史反思

作　　者/姚　鹏

出 版 人/方　鸣

责任编辑/高文喆

封面设计/薛冰焰

经　　销/新华书店

开　　本/710×1000 毫米　1/16 开　印张/19.75　字数/220 千

印　　刷/北京高岭印刷有限公司

版　　次/2013 年 4 月第 2 版　　2013 年 4 月第 1 次印刷

书　　号/ISBN 978-7-5113-3074-1

定　　价/39.80 元

中国华侨出版社　北京市朝阳区静安里 26 号通成达大厦 3 层　邮编 100028

法律顾问：陈鹰律师事务所

编辑部：(010)64443056　　64443979

发行部：(010)64443051　　传真：(010)64439708

网　　址：www.oveaschin.com

E-mail：oveaschin@sina.com

目 录

为纪念

法国大革命两百周年而作

楔子

向普天之下所有的人宣告自由。

《旧约全书·利未记》

法国就是巴黎，巴黎就是法国。倘若从巴黎是法国唯一的政治、经济、文化中心来看，这个判断并不过分，但是人们不可忽视，在外省也有许多美丽的城市，堪与巴黎媲美。18 世纪的图卢兹就是其中值得一提的城市，它位于拉泰拉勒阿拉—加龙运河和南运河的交汇处，是加龙省省会。它的以红玫瑰色砖瓦为特色的建筑，延续着它自罗马帝国时代建城以来形成的与众不同的风格。位于市中心的维尔饭店和图卢兹法院所在地的那尔波奈宫，在当时的法国均属第一流的建筑，其雄伟壮观的气势不亚于凡尔赛宫。离维尔饭店不远的菲拉蒂埃大街是商业中心，这条石块铺敷的大街狭窄拥挤，却颇能吸引人。衣着各异的人群，贪婪的商人、辛勤的工匠、苦命的学徒、忙碌的家庭主妇、虔诚的修女和教士、顽皮的学生、天真的儿童等等，熙熙攘攘、川流不息。

正是在这条普通的商业街上，18 世纪 60 年代曾发生过

伏尔泰头像

3

一起骇人听闻的迫害事件，震撼了法国、震撼了欧洲，广泛地唤起了人民的觉悟和热情，激化了潜伏已久的法国内部矛盾，抬高了几十年来一直孜孜不倦地、但势单力孤地为自由、平等、正义、宽容奋力疾呼的启蒙思想家的声望。它使反动分子遗臭万年，使自由的保卫者流芳百世。这就是"卡拉事件"。

菲拉蒂埃大街16号是一家绸布店，店主人名叫让·卡拉，专门为贵夫人印制作衣料和装饰布的平纹花布。几个世纪以来，图卢兹印染工业颇有名气，卡拉的商店是其中较有声誉的一家，他是精明的商人，生意兴隆，顾客盈门，当地的主教经常派人来采购布料，时髦的太太们也亲自登门挑选卡拉印的花布。

卡拉是胡格诺教徒，这是人们对法国新教徒的叫法，基本上属于加尔文主义。卡拉为人和善、待人宽厚、老实朴素，他是6个孩子的父亲。卡拉夫人出身贵族，是孟德斯鸠侯爵的侄女，她把4儿2女培养得温文有礼，颇有教养。

1761年夏末秋初，图卢兹气候异常，天气炎热，许多人纷纷到卡罗那谷地或比利牛斯山避暑，而像让·卡拉这样忙碌的店主却没有这种福分，只好把两个女儿送到乡下，打发两个小儿子到外地经商，家里只剩下大儿子马克－安东尼、二儿子皮埃尔和老两口。马克－安东尼·卡拉这年29岁，素性抑郁，居常落落寡欢，他既不想像父亲和弟弟们那样经商，也没有这方面的才干。他喜欢古典作品，尤其是塞内卡和普鲁塔克的作品；他也喜欢读蒙台涅和莎士比亚的著作，哈姆雷特关于生与死的独白深深感染他，"生存还是毁灭，这是一个值得思考的问题，默然忍受命运的暴虐的毒箭，或是挺身反抗人世的无涯的苦难，通过斗争把它们扫清，这两种行为，哪一种更高贵？死了；睡着了；什么都完了；要是在这一种睡眠中，我们心头的创痛，以及其他无数血肉之躯所不能避免的打击，都可以从此消失，那正是我们求之不得的结局……谁愿意忍受人世的鞭挞和讥嘲、压迫者的凌辱、傲慢者的冷眼、被轻蔑的爱情的惨痛、法律的迁延、官吏的横暴和费尽辛勤所换来的小人的鄙视；要是他只要用一柄小小的刀子，就可以清算他自己的一生？……"他对这段论自杀的戏词颇有兴趣，常常默默地吟诵。图卢兹是一个天主教占优势的城市，胡格诺教徒受到歧视和不公平的待遇，这正是马克－安东尼忧郁的原因。

10 月 13 日，马克－安东尼的朋友拉瓦依斯到卡拉家作客，卡拉夫妇热情接待他，并留他在家里吃晚饭，席间，马克－安东尼与弟弟皮埃尔为小事发生口角，便愤然离席出去。因有客人在家，卡拉夫妇没有介意大儿子的不快，饭后，大家继续喝咖啡，直到九点半，拉瓦依斯起身告辞，主人送客下楼，突然发现马克－安东尼悬吊在店铺的门框上。众人急忙割断绳子把他放下，请来医生抢救，均无济于事。

图卢兹在历史上是宗教狂热最猖獗的地方，早在"胡格诺战争"时期，打算与支持新教徒的亨利四世妥协的亨利三世，就是在图卢兹被狂热天主教徒刺死的。图卢兹天主教徒还每年举行游行，张灯结彩，点燃篝火，庆祝天主教徒屠杀新教徒的"圣巴托罗缪之夜"。

菲拉蒂埃大街的人命案，被少数狂热的天主教徒所利用，掀起一场残酷的宗教迫害活动。有人叫来警察，逮捕了卡拉一家，并向法庭控告说，是卡拉夫妇谋杀了自己的儿子，因为他的儿子最近改信了天主教，而卡拉夫妇宁愿置儿子于死地，也不许他皈依。

马克－安东尼这个本来违反基督教不准自杀禁令的人，却被教会捧为殉道者，人们为他举办了前所未有的隆重葬礼，仪式十分壮观：教堂举行了庄严的弥撒祭，图卢兹大部分居民都出席了，堂中张着白幔，挂着一副从外科医生那里借来的骷髅，一只手握着棕榈叶，作为殉道者的标志，另一只手握着据说是他签署放弃异端声明的那支笔，作为他被谋杀的证据。一时间，图卢兹笼罩着宗教狂热的气氛，马克－安东尼被奉为圣人，享有圣人的礼仪，有人为他祝福，有人向他祈祷，求他做出奇迹。有一位教士忍痛拔出自己的两颗牙齿，作为马克－安东尼的遗物祭奉起来；有个老妇人比其他人虔诚，她耳聋多年，却宣称自己在马克－安东尼的葬礼上听到了钟声；还有一位教士声言自己在这个殉道者的感召下，用催吐剂治愈了中风，使瘫痪者恢复了行走。传播这些消息的人写了宣誓书；证明这些奇迹是他们耳闻目睹的。

图卢兹法院开庭审理卡拉案件，被告和证人均陈明马克－安东尼是自杀，卡拉家的厨娘是个天主教徒，她对法官说，让·卡拉是位慈爱、宽厚的父亲，从不干涉子女的信仰，她本人曾劝说三儿子路易改信了天主教，不仅路易没有受责备，她的厨娘工作也没有受到丝毫影响。法官们虽找不出被告犯罪的证据，但是宗教狂热使他们抱定卡拉是谋杀者的成见。1762 年 3 月 9 日，法庭以八票对五票的表决结果，判处让·卡拉死刑。

3 月 10 日，让·卡拉被送往刑场，他路经自己生活了 40 余年的图卢兹街道，露出对生命、对亲人、对家乡的眷恋之情，他不住地向人们大喊："我是无辜的！"他离开人世时非常痛苦，一位见证人后来回忆说："卡拉以不可思议的坚强毅力忍受着严刑拷打。在绞架上，刽子手打他一下，他只喊一声。在被绑在车轮上的两个小时中，他与领忏神父交谈的是与宗教无关的事情，他声言他不想谈宗教问题，谈也无用，因为他想至死做一个新教徒。"[1] 刽子手先用铁棍打断了他的臂骨、腿骨和肋骨，然后又把他绑在车轮上让他慢慢死去，最后还要用火烤。卡拉对身边的神父说：“我无辜而死；耶稣基督简直是无辜的代名词，他自愿忍受比我的更残酷的极刑。我对自己的生命毫无遗憾，因为我希望这场结局会引我去享受永恒的幸福……"

骇人听闻的卡拉事件很快传遍法国，这种事件在法国发生的太多了，并未引起人们的关注，况且，图卢兹法院审理了这个案件，巴黎高等法院审核过判决，即使人们风闻这个案件中有冤情，也很少有人不怕麻烦与法院作对。然而，正义的情感是永存的，无论何时何地，总是有少数不怕死的人站出来，与人世间的恶魔作对的。

蛰居在美丽的日内瓦湖畔德利斯山庄的一位法国著名作家，毅然拿起他那支犀利的笔，蘸着辛辣、苛刻、嘲笑、愤怒的墨水，为卡拉一家伸张正义。这位老人写过不少揭露宗教狂热、宗教偏狭的剧本，但是他感到没有一个剧本能够比得上现实舞台上的这个悲剧那样使人毛孔悚然、令人发指。他表示，为了不昧良心，他必须动员自己的朋友，利用自己的财力、自己的笔和自己的声誉，修正图卢兹法院的致命错误。他立誓，为了防止这种悲剧在其他人身上重演，为了保卫每个人的权利和信仰自由，他宁死不会放弃为卡拉伸冤的事业，这不再是卡拉的遗孀或他家人的事，

---

① 埃德纳·尼克松：《伏尔泰与卡拉案件》（Voltaire and the Calas Case），伦敦1961年英文版，第107页。

而是公众的事情，是人类的事情。

他给法国宫廷中一些地位较高的朋友写信，表面上是希望他们提供消息，实际上是通过明确地表明自己的态度，对他们施加影响，谋取他们的支持。他还靠在巴黎的不少启蒙思想家，如达兰贝尔等人的帮助，组织了一个辩护委员会，其中包括巴黎高等法院最著名的律师埃利·德·鲍孟、以文字优雅著称的律师卢瓦佐和马利埃特。鲍孟起草了一个复审卡拉案件的建议，卢瓦佐写了一份关于卡拉案件始末的备忘录，马利埃特代卡拉夫人向国王写了正式的申诉书。使住在德利斯山庄的这位老人感到欣慰的是，卡拉夫人收到法国各界人士和欧洲许多国家有识之士的同情和支持，在法庭重新判决之前很久，公共舆论已经对这个案件做出公正的判决。

卡拉夫人受到如此对待，主要应归功于这位老人发表的一部著作《论宽容》。宽容，按当时的含义讲，意指宗教信仰自由。作者详细客观地记叙了卡拉案件的真相，愤怒地指出，图卢兹的宗教狂热是在现代、在哲学已取得很大进步的时刻发生的，是在 100 多位学者用他们的笔，谆谆教诲人性和生活方式应温文尔雅的时候发生的，是在理性即将取得最后胜利的时刻发生的，因而，这是宗教狂热以其双倍的疯狂向自由的人类的挑战。

作者着力揭露了 16 世纪宗教改革运动出现以来，宗教狂热、偏狭、不宽容，给社会造成的危害，给人民带来的痛苦。法国近两百年来，一直是欧洲宗教战争最猖獗的地区，早在 16 世纪初，天主教会为惩治胡格诺教徒，设立了"火焰法庭"，处死大批"异端分子"。1562 年至 1594 年发生了长达 30 年的宗教战争，其中尤以"圣巴托罗缪之夜"最为残酷，1572 年 8 月 23 日夜，信奉天主教的亨利·吉斯公爵率领军队袭击另一个大贵族，胡格诺教派首领那瓦尔王亨利的婚礼仪式，屠杀了胡格诺教徒2000多人。"三十年战争"以亨利四世（即那瓦尔王亨利）改奉天主教、同时颁布南特敕令而结束，这个敕令规定天主教为法国国教，而胡格诺教徒享有信仰自由，在国家官职上享有与天主教徒同等的权利。后来，胡格诺教在法国有很大发展，到17世纪末，已发展到100万信徒，在资产阶级和城市中下层人民中间很有影响，工业家、财政家、帮工、商人或手工业者大部分是胡格诺教徒。1685年，路易十四颁布枫丹白露敕令，取消南特敕令，强迫胡格诺教徒改信天主教，会堂被拆毁，教士被放逐，礼拜仪式被禁止，几十万新教徒逃离法国，流落异邦，把资本和技术带到瑞士、德国、爱尔兰或荷兰，这不仅使法国工业损失了宝贵财富和优秀人才，还引起国内外普遍的义愤，埋下革命的火种。因此，作者指出，只要法国实行宽容政策，承认信仰自由，大批流亡国外的资产者和技术工人便会回国，法国可以不花任何代价垂手可得大量财富和人才。

作者还机智地引用圣经和基督教的历史实例，指出无论犹太人、基督教徒或圣经都是讲宽容的，宽容，总是弱者的最高呼声，如果早期基督教徒不要求宽容，不要求信仰自由，恐怕他们早已在罗马统治者的压迫下自生自灭了，就不会有后来在欧洲独享尊荣的教会。不同民族、不同肤色、不同宗教信仰的人，都是同一父母的孩子，都是同一造物主的作品，因而大家彼此应亲如手足，宽仁相待，四海之内皆兄弟。不宽容、偏狭和压制信仰自由的人，是与自然法则和社会法则相悖的，"己所不欲，勿施于人，这是人世间伟大而普遍的原则"。

无论任何人，只要他的行为没有危害公共秩序，都拥

9

有发表他自认为正当的任何言论的自由，都拥有沿着他所喜欢的道路进入天堂的自由。任何人都不能以莫须有的错误处罚他，只要这些错误不构成犯罪。而搅乱社会秩序的最常见的行动却是宗教偏狭和狂热，它以暴力或其他手段干涉别人的正当的、天赋的自由权利。舆论一律和信仰一律是不可能做到的，以这种方式思考问题的人是疯子。"用武力征服整个宇宙比使一个村庄全体居民的思想臣服要容易得多"，因而，这个世界应该容忍不同信仰、不同思想的人存在。

主要是由于德利斯山庄的这位老人的努力，由于他的《论宽容》唤起了狂热群众的理智，在人民的巨大压力下，1764 年巴黎高等法院撤消了对卡拉的判决，翌年 3 月 9 日，也就是卡拉惨死三年整的那天，宫廷正式宣布为卡拉一家彻底恢复名誉，国王赐给卡拉夫人 36000 金币的抚恤金。

这位老人因而也声誉大增，祝贺信从法国各地和许多国家寄到日内瓦湖畔，有来自他的启蒙运动的同事战友的，有来自王公贵族的，有来自彼得格勒冬宫的那位风流女皇的，有来自波茨坦桑苏里宫的那位哲学家国王的，也有来自英吉利海峡彼岸他的那些思想导师的。人们称他为"欧洲的良心"。

他就是法国启蒙主义的泰斗：伏尔泰。

伏尔泰晚年流亡日内瓦，一反他从前的那种小心谨慎、担惊受怕、藏锋匿芒的状态，积极亲身投入"消灭败类"的战斗，除卡拉事件外，他还为西尔文、拉巴尔、蒙拜依等人的冤狱与反动分子勇敢地战斗过，他因这些冤狱在人民中获得的声誉，远远超过他的作品。他因此也成为教会最痛恨的人，他死于 1778 年 5 月 30 日，他死后教会当局不准他葬于故乡巴黎，亲友们只得秘密地把他安葬在香槟省。

在大地上有过宏伟嘹亮声音的生命，决不会在静寂的坟墓中立即泯灭。法国大革命中，资产阶级革命党人对伏尔泰表示出极高的敬意，1791 年 5 月 8 日和 30 日，国民议会两次发布公告，决定把伏尔泰迁葬巴黎先贤祠，并补行国葬。7 月 10 日，伏尔泰的遗骨运抵巴黎，灵车上写着：

他为卡拉、拉巴尔、西尔文和蒙拜依洗刷了耻辱。

他是诗人、哲学家、历史学家；他使人的理性飞速发展；他为我们的自由开拓了道路。①

这不过是人类几千年争取自由解放的历史中较为壮观的一场戏的序幕。

自由，像生存、幸福、正义、博爱、平等一样，是人类不懈追求的永恒的主题。人类生存的历史就是自由进步的历史，人类文明的历史就是自由发展的历史。人类文明的每一次重大危机，诸如社会的变革、民族的迁徙、国家的兴衰、革命的形成、战争的爆发、和平的媾成等等，都是人类自由选择的转折点。阻碍新的自由实现的人被称为反动、保守，推动它的实现的人被称为进步、革命；赢得新的自由的人欢欣鼓舞，丧失旧日奴役他人权利的人遗臭千年。自由，这两个大字是人类几千年历史中无数血、泪、爱、憎、欢乐、痛苦的最好的见证。

在英文中，与自由有关的词有三个：liberty、freedom和 independence。前两个词基本上是同义词，无论基本内涵还是使用范围并无实质差别，只是不同的作家有不同的使用习惯，这两个词中文均译为自由。第三个词中文一般译为独立，它的内涵中只有一小部分与前两个词相似。自由一

① 路易·莫兰编：《伏尔泰全集》（OEuvres comple【，】te de Voltaire），巴黎 1877—1885 年法文版，第 1 卷第 486 页。

词的含义比较复杂，对它的不同解释本身就是形成各种政治派别的基本点，一般来讲，自由是指与束缚或限制相对立的、与某种愿望或要求相一致的状态或行为。在西方思想史上，有关自由的讨论大致有三种类型，一是形而上学的自由问题，比如自由与必然、自由与因果等等；二是伦理学的自由问题，比如自由意志、自由选择、自由与实践；三是政治学的自由问题，这个问题也是本书讨论的问题。在政治自由问题上，最引人感兴趣的主题有：自然的自由和社会的自由。自然的自由是指，在自然状态下，亦即无论在野蛮时期还是在文明时期，从本性上说，人天然具有的自由。社会的自由是指在文明社会中，即在阶级社会中，也就是说在有法律的社会现实里的自由。前者是抽象的，后者是具体的。人们讨论最多的问题包括：信仰自由、言论自由、出版自由、思想自由、政治选择自由、人身自由、经济自由、贸易自由、生存自由、婚姻自由、职业自由、国家或民族的独立（这里独立与自由是同义词）、个人的独立（在这里独立与自由也是同义词）、法律与自由、多数人的自由与少数人的自由等等。

西方古代文献中存有大量前人对自由的思考或他们为自由事业而斗争的业绩。

公元前 550 年左右，希腊城邦国家在斯巴达和雅典的领导下，挫败了波斯帝国的入侵，这场战争使雅典成为希腊世界的最高领导，随后出现雅典的黄金时代。在伯里克利的领导下，梭伦和克利斯提尼所计划的民主制在雅典兴盛起来，雅典的艺术和文化也获得了最辉煌的发展。伯里克利为雅典民主制确定了自由的原则，他指出，我们的制度之所以称之为民主政治，就是因为它有利于多数人而不是少数人。如果我们面对法律，那么在解决私人纷争时，法律面前人人平等。即使没有社会声望，在安排社会公职时也只取决于他们的才能，而不在于其声望，决不允许用社会某个阶层的利益取代法律。任何能对国家有所贡献的人，不再会因为他陷于赤贫而被湮没无闻。我们在政治生活中享有的自由也扩展到日常生活领域，要摈弃相互猜忌的气氛，宽宏大量地处理人际关系，服从法律，以此得到安全保障。①

　　当然，雅典民主政治是有限的，并非像伯里克利所宣称的那样多数人享有自由。在雅典，妇女是没有政治权利的。极穷的人们，如果他们的父母是公民的话，也可以成为公民和出席公民大会，但不能担任较高的职务。占总人口的一大部分或一半的奴隶，完全没有政治权利。异邦人不管在雅典住得多久，也不管怎样有技术、有财富或者有文化，都不能在政府里担任任何职务。有人说，雅典是一种由最能干的公民统治的民主政治。更确切地讲，它是一种由最能干的公民统治的贵族政治。尽管如此，我们应该承认，雅典政体是西方古代最好的政体，它至少保障了大多数自由人的权利，提出了自由、民主的理想，为后人所仰慕。

　　公元前431年爆发了伯罗奔尼撒战争，战争的结果不仅使雅典和斯巴达衰落，而且也标志着整个希腊世界的一个衰落时期的开始。各个城邦国家彼此干戈相见；叛乱、变节和敌意慢慢侵入每个城邦的日常生活；政府频繁更替，富人和穷人之间的鸿沟变得更宽，从而导致城邦寡头专制集团和民主制集团之间斗争日趋激烈。为了医治这个动荡不安的社会，应运而生了大批卓越的思想家，如德谟克利

---

① 参见修昔底德：《伯罗奔尼撒战争史》，第 2 卷第 37 章。

特、苏格拉底、柏拉图和亚里士多德等。

德谟克利特是民主制的坚决拥护者，他的名言是："在民主国家里受穷，胜于在专制国家里享福，正如自由胜于受奴役一样。"他认为，个人的最大自由在于他的独立性，在于他能超越社会。但是，由于个人软弱无力，不能保障自身的安全和满足自身的需要，因此，个人的自由同社会的自由又是不可分割的，国家是每个公民自由的支柱，因此，人们应该把国家利益置于一切之上。

自由的理念还出现在当时比较激进的思想家的论断中，他们有的甚至敢于否定对希腊社会至关重要的奴隶制。悲剧作家欧里庇得说过：

唯一使奴隶蒙羞的是他的名称；

此外奴隶绝不比自由人卑劣，

因为他有着一个正直的灵魂。

雄辩家阿尔西达马有一句深受赞赏的名言，也反映了民主派的这种精神，他说："神使人人生而自由，而自然则从未使任何人成为奴隶。"

智者学派哲学家不承认现存秩序的合理性，如普罗泰戈拉提出人是万物的尺度，赞同授与每个人按照个人的信仰和经验而判断是非的最高权利。

苏格拉底、柏拉图和亚里士多德对智者学派试图动摇希腊城邦国家政治基础深感忧虑，打算用一种中庸的政治学说医治患病的城邦国家。苏格拉底和柏拉图并不否认自由在政治生活中的重要性，但是他们认为，雅典现实生活中人们过分自由了。寡头政治赖以建立的基础是财富，过分贪求财富，使它失败。民主政治的善的依据是自由，这是它的最大优点，但是过分追求自由必然导致破坏民主社会的基础，产生极权政治。在过分自由的社会中，奴隶与主人、男人与女人同样自由；国家没有权威，当权者像老百姓，老百姓像当权者；连人们畜养的动物也比在其他城邦自由不知多少倍，狗像谚语所说的"变得像其女主人一样"了，驴马也惯于十分自由地在大街上到处撞人。这样的社会，领导权很容易落入某些骗子手中。"无论在个人方面还是在国家方面，极端的自由其结果不可能变为别的什么，只能变成极端的奴役……因此，僭主政治或许只能从民主政治发展而来。极端的可怕的奴役，我认为从极端的自由产生。"① 因此，自由决不是放纵和任性，而是一种充满荣誉感的精神，它只能属于具有最高道德和才智优秀者，与此相应，理想的政体是贵人政体（timocracy）。

与代表富有奴隶主阶层的柏拉图不同，亚里士多德作为自由民中等阶层的代言人主张建立温和民主制。但是亚里士多德在自由的问题上与柏拉图是一致的，他拥护自由主义，反对任性和放纵。他认为人们之间互相依赖又相互限制，彼此负有责任，谁都不得任性行事，这对大家都是有好处的，如果允许某个人有绝对的自由，那么难以保证他不会施展他内在的邪恶本性。自由和平等在平民政体中特别受到重视，所有的人尽可能地一律参加并分享政治权利，在这种平民政体中，一切政事是由多数人的意旨进行裁决的。这是平民政体的优点，它可以限制那些驾驭着全邦所有的人而施暴政谋私利的，可以保护人的自由和权利。

但是在极端的平民政体中，处处高举着平民的旗帜，而那里所施行的政策实际上恰恰违反了平民的真正利益。这种偏差的由来在于误解了自由的真正意义。"大家认为平民政体具有两个特别的观念：其一为'主权属于多数'，另

---

① 柏拉图：《国家》，564A。

一为'个人自由'。平民主义者先假定了正义在于'平等'，进而又认为平等就是至高无上的民意，最后则说'自由和平等'就是'人人各行其愿'。在这种极端形式的平民政体中，人们放纵于随心所欲的生活，结果正如欧里庇得所说'人人都各如其妄想'，而实际上成为一个混乱的城邦。这种自由观念是卑劣的。"① 极端的自由与暴政一样，对国家和个人都是有害的。公民都应该遵守城邦规定的生活规则，让每个人的行为有所约束。法律不是奴役，并非与自由相对立，真正的自由离不开法律的约束。

柏拉图和亚里士多德不能拯救衰败的城邦国家，马其顿人的征服，亚力山大帝国的建立，随之而来的是希腊化时代。伊壁鸠鲁主义、斯多葛主义和犬儒主义是这个乱世中产生的三大学派，它们探求的中心都是如何获得幸福。对这个问题的不同见解，影响了它们的自由观。伊壁鸠鲁与前辈不同，纯粹是从个人主义的角度提出自由问题的，他认为，个人自由在于合理地选择享乐、精神的安宁以及在逆境中保持坚强不馁。他关心的是哲学家个人的自由，哲学家作为自由的主体是远离社会动荡的，沉溺于个人感受的天地之中的，因而无所畏惧，这种自由是最高的幸福。伊壁鸠鲁主义体现了一种消极反抗的精神。

犬儒学派也是一种逃避现实的哲学观。这个学派的主要代表狄奥根尼有不少传世轶闻，他衣衫褴褛，终年住在一只大木桶里；他还白天打灯笼上街，他回答别人询问时说："我在找人哪!"以此发泄自己对人世间的不满。狄奥根尼认为，一个人必须了解自己，同时按照他自己的本性来生活。只有在自己能力、思想和品质范围内的东西才是

16

① 亚里士多德：《政治学》，1310ᵃ2b。

构成美好生活所必需的。因此，贫穷和奴役完全是无足轻重，自由人绝不优于奴隶，自由人或奴隶其本身都不具有任何价值；奴隶制并非一种罪恶，自由也并非一种美德；唯一重要的是个人自身的道德修养。犬儒主义与玩世不恭是同义词。

在罗马时代，关于自由问题值得一提的不是西塞罗、塞内卡等思想家的言论，而是两次大规模的奴隶为争取自由的反抗。一次是斯巴达克斯起义，一次是原始基督教的运动。公元前 73 年，罗马角斗奴斯巴达克斯率领不堪忍受奴隶主残酷压迫的 12 万奴隶，揭竿而起，为争取自由的生活和权利，与罗马统治者进行了浴血斗争。斯巴达克斯起义虽然失败了，但是他为受压迫的奴隶树立了争取自由的榜样，也向奴隶主阶级表明，对奴隶的奴役并不是天经地义，永远平静的，在有奴役的地方，必然同时存在争取自由的愿望和斗争。马克思称斯巴达克斯是整个古代史中最辉煌的人物，是具有高尚品格的伟大统帅，是古代无产阶级的真正代表。

原始基督教的产生也同样反映了奴隶和被压迫群众争取自由解放的愿望。公元前 63 年，罗马大奴隶主庞培屠杀了 12000 多犹太人后，占领了耶路撒冷，使其成为罗马的属国。从公元前 53 年至公元后 66 年，犹太人发动多次起义，遭到罗马统治阶级的镇压，成千上万犹太人沦为奴隶。原始基督教正是在这种条件下，在民间形成的，它最初是奴隶、穷人和无权者的宗教，反映的是受苦受难者的呼声。"主啊！你不审判住在地上的人，给我们伸流血之冤，要等到几时呢？"原始基督教最初的教义如《启示录》等，充满了受压迫者对统治阶级的仇恨，它是披着宗教的外衣进行的一场争取自由的斗争，其性质与后来的为统治者所接受

17

的基督教有着根本的差别。

在中世纪基督教神学家笔下，自由的主体是上帝，比如托马斯·阿奎那认为，人的意志自由，只有在得到上帝的支持时才会存在，人的一切行为都带有上帝意旨的影响。尽管如此，阿奎那仍承认追求自由是人的特点，他认为，人具有理智的灵魂和自由意志；人能自己选择自己的行为并对自己的行为负责，因而人有行动的自由。阿奎那还认为，一个人在尘世中必须服从他的上级，否则人类的事务中就不会有安宁的局面，然而这种受制于"另一个人的奴隶状态，只存在于肉体方面而不存在于精神方面，因为精神始终是自由的。"①

与人们的一般印象恰好相反，阿奎那居然也主张信仰自由。他认为，不能强迫异教徒相信基督教并且表白其信仰，因为信教取决于意志。基督徒与异教徒作战，其目的不是要强迫他们皈依基督教，而是防止他们阻挠基督教的宣传，防止他们破坏基督教的信仰自由。阿奎那有个非常奇怪的理论，他主张，对异教徒给予宽容，对异端分子不予宽容。上帝容许世上存在弊害，以利于人们行善，还可以防止更大的恶行出现，如圣奥古斯丁所说，如果取缔娼妓，放荡淫乱的事情将层出不穷而不可遏制。异教的仪式是罪孽，但异教徒从这种宗教仪式中可以获得善，借此避免恶，所以应当得到宽容。但是异端分子是基督教世界的腐肉和染病的羔羊，为了保护整个教会不受侵害，必须消灭异端分子。

阿奎那生活的时代，教会已不再仅仅是精神组织。作

---

① 阿奎那：《神学大全》，载《阿奎那政治著作选》，商务印书馆 1963 年版，第 148 页。

为大土地所有者，他们落入封建利益的窠臼，不再单纯兜售来世思想。他们一方面侈谈人生的精神方面，以此表明他们在社会中绝对优于其他人，另一方面他们不再把人生的世俗方面描绘成卑鄙下贱的，而积极关心社会问题和政治问题，认真对待人间之事。他们宣传精神自由的高尚，目的在于说明人间奴役的合理性；他们宣传信仰自由、宗教宽容，主要目的在于打击教会内部的异端倾向和世俗的统治者。总的来说，他们是鄙视人的尊严的。

文艺复兴运动是人类历史最伟大的变革之一，人们做出了新的自由选择。人，尤其是个人，重新成为自由的主体，人的尊严、人的价值重新得到尊重。

伟大的意大利诗人但丁说过："自由的原则乃是上帝赐给人类的最伟大的恩惠，只要依靠它，我们就可享受到人间的快乐；只要依靠它，我们就可享受到天堂般的快乐。"①谁为了自己的目的而不是为了别人的目的而生存，谁就是自由的，正如哲学家在论述单一存在所说的那样。因为任何事物，如果它是为了别的事物而存在，那么，它就要被那个事物所决定。但丁认为，暴民政治、寡头政治和暴君政治驱使人们过着奴隶生活，唯有君主制，即公共权力掌握在君主和贵族手中，人们的生活才有自由，因为在这种政体下，君主非常爱护人民，不断纠正政府的腐败；人们为了自己而存在，而不是根据他人的意旨而存在。

马基雅维利是意大利资产阶级思想家，他顺应当时的复古潮流，把古罗马共和国看作自己的政治理想。他认为共和国是国家政体的最牢靠的形式，最能促进人民的繁荣昌盛，最适宜于全体公民的自由和平等。他在《论提图

---

① 但丁：《君道论》，第1章。

斯·李维的前十卷》一书中着力歌颂自由和民主，他认为，人民比君主有较好的精明和坚定的品德，有较好的判断力，"人民的声音就是上帝的声音"，人民大众的意见对事态的预言非常灵验，似乎有神秘的本领能预知善恶，因此应该给人民以言论自由。他还指出，只有那些自由的城市和国家才能获得伟大的称号。在那里，婚姻比较自由，继承权有保证，因而人口旺盛。人们愿意生孩子，因为他们的孩子不仅是自由的，不是奴隶，而且会有才赋和美德，还有机会担任国家最高职务。在自由的国家里，财富增长比较快，因为人们可以自由地拥有和享受自己通过勤劳和技艺获得的财富。

文艺复兴的人文主义，以人的自由为中心，全面地阐释了人的哲学，使欧洲政治思想重新回到西方文化的正轨。

欧洲近代政治思想，正是在上述这些自由学说的基础上发展起来的。表面上，近代思想家延革着古代自由传统，似乎是在发扬光大，而事实上，他们是在新的社会的和经济的条件下提出新要求，其内涵和价值已今非昔比了。自由女神的遐想也不得不进入新的时空天地。

1
1
————————— 巴士底狱的囚徒

> 　　如果我能够感受到死后复活，或者说能够
> 第二次来到地球上，我祈求上帝让我降生在英
> 格兰那块自由的土地上。我所景慕的有四件，
> 它们都是英国人引为自豪的，即自由、财产所
> 有权、牛顿和洛克。①
> 　　　　　　　　　　　　　　　　——伏尔泰

　　要说自由，伏尔泰大概可以算是当时法国最自由的
人了。

　　1694 年 11 月 21 日，他生于巴黎一个信仰天主教的公
证人家庭，虽然，其社会地位属于第三等级，但由于祖祖
辈辈都是商人或律师，家资殷实，颇为富有，以致他父亲
可以花高价把他送进贵族子弟学校，享受良好教育。他从
青年时代起，就抱有坚定的信念：没有经济独立，就没有
自由。他追求舒适生活，不堪忍受那种以安贫乐道自诩的
村儒的生活，他看不起狄奥根尼和卢梭，而认为，没有生
活舒适便没有自由思想。他从父亲手里继承了大笔遗产，
还因写著名史诗《亨利亚特》从国王那里得到优厚的一笔
年俸的犒赏，这些不能满足他的奢侈、放纵、挥金如土的
生活。为了弥补社会地位低下的不足，为了在精神上摆脱
封建等级制度的压抑，在观念和人格上获得自由，以达到
一种心理平衡，他从不放过任何机会增加自己的财产。他
发表任何作品，总是十分精明地与出版商或剧场经纪人讨
价还价；他倒卖粮食、承包军需品生产和供应，他甚至作

伏尔泰素描

---

　　① 伏尔泰 1764 年 9 月与撒缪尔·鲍威尔的谈话，转引自艾·欧·奥尔德里
奇（A. O. Aldridge）：《伏尔泰与启蒙时代》（Voltaireand the Light Century），普林
斯顿大学出版社 1975 年英文版，第 315 页。

23

为贵客在普鲁士宫廷居住时，也不失时机地大搞投机倒把和走私活动。哲学家的智慧如果用在经商这种低智力的工作上，其效果是相当可观的。

他属于那类无法忍受一夫一妻制束缚而终身未娶的人，然而，他是法国浪漫的爱情生活的佼佼者，曾得到那个时代的许多知名的贵夫人的钟情，甚至包括路易十五的情妇蓬巴杜尔夫人的青睐。他与一代才女夏特莱侯爵夫人爱米莉共同生活了 17 年，既一起接受自然情欲的支配，又一起孜孜不倦地钻研物理学、数学和哲学，共享他那些卓越的诗剧和小说洋溢的美感。他在给爱米莉的一封信中讲道："自由和爱情是尘世君王所不能企及的。"时至耄耋之年，他仍然享有唯有女人可以给他带来的平静、安谧、充满柔情的生活，因为他得到外甥女德尼夫人的钟情。

他是一位天才，天才最大的好处就是可以随心所欲地把自己想要表达的东西，用自己喜欢的方式自由地表现出来。他用自己那支曾被维克多·雨果崇拜之极的笔，写出大量诗歌、悲剧、小说、历史和哲学著作，毫无顾忌地揭露封建社会的丑陋，抨击教会的黑暗，自由地表达他对美好生活的憧憬。

有理性的人内心是最平静的。他只信仰自以为是真理的东西，没有任何神圣的或世俗的偏见。他从未皈依过新教，对自己父辈的天主教信仰也从未认真加以对待，当上帝对他有用时，这个神圣的词也会随意出现在他的作品中，或是以上帝的名义教训人们应该如何思想、如何行动，或者放肆地对上帝抱怨，发泄他自己对人世间的愤懑。如果用不着上帝时，他也许几年想不到这个词。他从不恐惧末日的审判、炼狱的煎熬、地狱的折磨，他没有精神的束缚，总是那样自由自在、坦坦荡荡。

　　狡兔三窟，而他却有四个家。他流亡瑞士后，在瑞－法边境两边购置了四处房产或庄园，即洛桑、德利斯、费尔内和图尔内，他生活在这三不管的地方，又不断地更换住所，因而享有其他启蒙思想家企望得到的最低限度的人身自由和人身安全。他得意地说："我左脚踏在于拉峰上，右脚踏在阿尔卑斯山巅，阵地的前面是日内瓦湖。一座美丽的城堡在法国边境，一所隐居的精舍在日内瓦，一个舒适的住宅在洛桑；从这一窟到那一窗，我终可幸免君王及其军队的搜索了吧！"1755 年，他为庆祝乔迁德利斯做了一首诗，诗中说：

> 我的湖泊无与伦比：
>
> 它接近幸福的堤岸，
>
> 人类永恒的女神住在那里，
>
> 伟大工程的灵魂，
>
> 高尚祝福的对象，
>
> 一切凡人都拥有它，
>
> 或欲求它，想念它，
>
> 自由
>
> 这个神圣的名字活在这些人心中，
>
> 而专制暴君对它却深恶痛绝。[①]

　　日内瓦共和国并不是真正的民主国家，它的宗教狂热也是有名的，它是加尔文派的老巢。但是日内瓦政治统治比较松散，没有法国那样的中央极权，这为法国作家提供了避难所。正是伏尔泰在这里生活的余后的 23 年中，法国启蒙运动和自由主义传播出现高潮，一大批旧制度的埋葬

---

① 转引自彼得·盖伊（Peter Gay）：《伏尔泰的政治学：现实主义诗人》（Voltaire's Politics, The Poet as Realist），普林斯顿大学出版社 1959 年英文版，第 188—189 页。

者在他的遥控下，唤起了人们的觉悟，加速了革命的到来。

但要说不自由，伏尔泰又无疑可以算是当时法国最不自由的人了。

一生觅封侯，这是他最长久的希望，也是给他造成诸多不幸和痛苦的根源。他的中学同学中有许多人，如里舍利厄公爵、达让松兄弟等，后来成为法国权倾一时的人物；另外，他在宫廷中还有许多知己朋友，许多大贵族的夫人还是他的情妇。那些贵族无论智力还是才干都不及伏尔泰，但是他们却可以凭自己的门第和贵族头衔享有高官厚禄。他们虽然也曾帮助过伏尔泰，为他谋得一官半职，比如，在里舍利厄公爵和蓬巴杜尔夫人的帮助下，伏尔泰曾当过一个时期的宫廷史官和侍臣，但都因没有祖上光荣的荫庇，如同惊弓之鸟，言语稍有不慎，只得挂冠而去，逃之夭夭。

在法国以外，他最"知己"的君主朋友要算是普鲁士国王弗里德里希二世了。这位以开明君王自居的国王，接受过许多自由思想，曾为法国一些启蒙思想家，如拉美特利、卢梭等人，提供过庇护。伏尔泰与他交往甚密，1750年伏尔泰应邀到普鲁士宫廷供职，为弗里德里希二世起草文章、修改诗稿。就在他最为得意的时候，在那里生活多年的另一位法国启蒙思想家拉美特利临死前告诉他，国王有一天曾说过，伏尔泰是只桔子，桔子挤干了，皮就要扔掉了。伏尔泰为了保住自己的皮囊，只得离开桑苏西宫，流亡瑞士。

在18世纪受迫害的自由思想家中，没有一个人像伏尔泰那样受到如此之多的"殊荣"，有案可稽的流放或"自愿的流放"——逃亡，大大小小有七、八次，最长的一次达29年；他进过两次巴士底狱，这是孟德斯鸠、拉美特利、爱尔维修、霍尔巴赫诸辈，甚至卢梭也没有"享受"过的，就是《百科全书》的主编狄德罗也只进过一次监狱，还不是"最高级"的巴士底狱，仅仅是万森监狱而已，大为逊色。

1725 年底的一天，伏尔泰与名演员、他的情人勒库弗勒小姐一起在法兰西歌剧院看戏，在包厢里与法国最有权势的贵族家庭的成员罗昂骑士相遇。罗昂早就对伏尔泰因文学成就而受到世人尊敬忿忿不平，这天他傲慢地当众问伏尔泰："伏尔泰先生，阿鲁埃先生，你的姓氏究竟是什么?"伏尔泰回答说："我是不具有一个伟大的姓氏，但我知道怎样使它荣耀起来。"几天后，罗昂骑士雇了几个流氓在大街上当众打了伏尔泰一顿。伏尔泰向法庭控告罗昂，法院拒绝受理这一案件，他不得已，便提出与罗昂骑士决斗，但结果是，罗昂骑士以伏尔泰的行为威胁国家的平静为理由，从国王那里讨得一封密札，于 1726 年 3 月 28 日把伏尔泰投入巴士底狱。

伏尔泰头像

这是他第二次进巴士底狱，不过时间不长，吃了几天免费酒饭后，他意识到自己暂时无力对抗强大的敌人，被迫向国王提出"自愿"流亡英格兰。5 月初，他渡过加莱海峡，来到资产阶级革命已经取得胜利的英国首都伦敦。

伏尔泰被迫流亡英国，是他一生思想的一个重要转折点，英国的自然神论、唯物主义经验论哲学、自由平等的政治理想、先进的资产阶级政治制度等等，使他的思想发生了剧变。这个事件是他一生蒙受的最大耻辱之一，也是有幸获得的最大恩惠之一。它把他的才能从法国宫廷狭隘限制中解放出来，用于人类共同的事业。

他在英国受到热情接待，英王乔治一世亲自接见了他，并赐给他 2000 克朗作为《亨利亚特》的赞助，而这部宣传宗教宽容的史诗在法国是列入禁书的。他还会见了英国著名政治家、自然神论者博林布罗克勋爵，英国文学家、诗人、剧作家，如蒲伯、斯威夫特、康格里夫、汤姆森、扬格、盖伊等，拜访过哲学家贝克莱主教和克拉克，以及一些政界领袖和大思想家。他还有幸参加了牛顿的葬礼，对这位科学家受到的厚遇感慨万分，他后来讲过："牛顿先生在世的时候曾经受到尊崇，死后也得到了他所应得的荣誉。国家要人互相争夺执绋的荣誉。请您到西敏寺去看看吧。人们瞻仰、赞叹的不是君王们的陵寝，而是国家为感谢那些为国增光的最伟大人物所建立的纪念碑；您在那里看到他们的塑像，犹如人们在雅典看到索福克勒斯和柏拉图的塑像一般，而我深信只要一见这些光荣的纪念碑决不止激发起一个人，也决不止造就一个伟大人物。"①

伏尔泰在英国的所见所闻在他心中激起了对这个国家的强烈的爱，为向自己的同胞诉说这种感情和自己的感受，他于 1728 年开始动手写下不朽的世界名著《哲学通信》。在这部著作中，他详细地介绍了资产阶级革命后，英国经济、军事、文学、艺术、哲学、政治、宗教、科学诸方面的情况，借宣传英国资产阶级取得的成就，揭露法国封建贵族阶级的腐败无能，其中贯穿着一条主线是着力于宣传英国的自由原则。

英国政治和宗教等自由的现实，来源于它的经济和商业自由的要求。伏尔泰认为，英国资产阶级革命后，随着国内经济的发展和殖民地的扩大，一跃成为欧洲的强国，究其原因可以看到，商业使英国公民富裕起来了，而且还帮助他们获得了自由，而这种自由又转过来扩张了商业；商业为英国积累起大量财富，使英国人有力量建立庞大的

---

① 伏尔泰：《哲学通信》，上海人民出版社 1961 年版，第 108 页。

海军，成为海上霸主，从而国家的威望也大增。有一件轶事给伏尔泰留下很深印象，1701 年至 1713 年西班牙王位继承权战争中，英军统帅厄日纳亲王在半个小时内从英国商人那里筹借到 5000 万英镑，用这笔钱调集了大量军队和辎重，打败法王路易十四。战后，亲王写了一封简短的信，对曾借钱给他的商人们说："先生们，我已经收到了你们的钱，并且我自诩用它满足了你们的愿望。"英国商人对他们所起的作用感到非常骄傲。英国贵族子弟经商者很多，他们与法国人不同，以经商为荣。伏尔泰祖上是商人，在法国常遭人鄙视，因此他对英国的风气赞扬不已。"我不知道哪一种人对国家最有用，是一位假发上敷粉的贵族，还是一位商人？贵族明确地知道国王几点起床，几点睡觉，自己摆出一副尊严的神态，却在大臣候见室里表演着奴颜屈膝的一套；而商人则使他的国家富裕，从他的办公室对苏拉特和开罗发号施令，对世界的幸福做出贡献。"①

伏尔泰指出，很久以来法国人和英国人都是用同样的原则进行统治的，都经历过同样的内乱，但是这两个国家的发展却出现截然不同的情况。在其他国家，内战的结果是奴役，更大更深的奴役，而在英国，内战的结果却成了自由。英国是世界上抵抗君主达到节制君主权力的唯一的国家；他们由于不断的努力，终于建立了这样开明的政府，君主有无限的权力去做好事，倘若想做坏事，就会双手被缚。在这种政府治下，老爷们高贵而不骄横，而且无家臣；人民心安理得地参与国事。当英国革命爆发时，许多法国人在一旁幸灾乐祸，指责英国人太残酷了，把国王送上绞架。伏尔泰毫不客气地在此反驳说，法国内战比英国内战

---

① 伏尔泰：《哲学通信》，第 38 页。

更漫长、更残忍，罪恶更多，而且没有一次以争取自由为目标；如果国王侥幸获胜的话，也会毫不留情地以同样的方法对待他的敌人。英国人为获得自由无疑付出很高的代价，然而，只有在血海中，才能"淹死专制政权的偶像"，况且，又有什么东西比自由的价值更高呢？

人与巨兽

> 不论一个国家是君主国还是民主国，自由
> 总是一样的。
>
> ——霍布斯

伏尔泰在《哲学通信》中提到，他在英国看过一场粗俗不堪的喜剧，剧中插入一些趣味古怪的舞蹈。首先是一个国王，在跳完双脚交叉舞后，向他的首相的屁股猛踢一脚，首相向第二个人猛踢一脚，以资报复，第二个猛踢第三个，最后挨一脚的是老百姓，他却无人可施报复，只好默默忍受。另一段舞蹈中，大家站成一圈，循环地踢屁股，每人同样地给予也同样地接受。这两段舞蹈前者代表专制政府，后者代表民主政府。

这样的民主政体似乎太放肆了。伏尔泰与启蒙时代大多数思想家一样，主张实行开明君主制，虽然他晚年共和主义的倾向占上风，但是就他一生的总的倾向来说，开明君主制在他眼中是最好的政体。他赞美自由，反对放任，拥护民主，强调节制。

英国哲学家霍布斯的政治思想无疑对伏尔泰有很大的影响。

托马斯·霍布斯是风起云涌、革旧创新的英国资产阶级革命时代向旧制度冲击，为新制度呐喊的最早的一位思想家，他也是近代第一个政治思想家。英国资产阶级革命推翻了斯图亚特王朝，判处国王死刑，宣布成立共和国，但是国内阶级矛盾异常尖锐，王党分子挑起内战，以希卷土重来；广大下层群众不断发动起义，要求分享被大资产阶级独占的权利。为了保持既得利益，加强统治秩序，1653年建立了以克伦威尔为首的、带有军事独裁性质的护国政

府。霍布斯就是这个时期资产阶级专政政权的理论代表。

霍布斯根本否认神的存在，并认为宗教是为了国家统治的利益，为向人们灌输对权力的畏惧和服从才有存在的价值。他毫不留情地把神从天堂拉到了地上，把至尊还原成了虚幻，把教会贬为国家的附庸，以人权反对神权，摇撼了整个封建制度的一大精神支柱，启迪新思想、新科学，迎接资本主义新时代的到来。在摆脱了神学观点之后，他开始用人的眼光来观察国家，并企图用自然科学的研究方法来研究社会事物，从理性和经验中提出了某些规律，建立了自己的思想体系。他的全部政治理论的两个出发点是人性论和自然法学说。

自然法通常是指人类所共有的权利或正义的体系。从古希腊以来，对于自然法的意义及其与成文法的关系存在着不同的看法。智者学派把"自然"和"法"分开，认为"自然"是明智的、永恒的，而"法"则是专断的，是出于权宜之计的。苏格拉底、柏拉图和亚里士多德都断定能发现永恒不变的标准，以作为成文法的参考。柏拉图认为必然独立存在着正义和勇敢这样永远不变的实在，这些实在不是由感觉或经验观察所能领悟的，而是必须由纯理性，亦即由哲学去寻求，因此国家的立法和行政必须委托给哲学家来负责。亚里士多德认为有一种无论在哪里都具有同样权威的、使用理性可以发现的自然法，它适用于社会上除了奴隶以外的所有公民。斯多葛学派提出了一种均等的自然法，认为理性是人人共有的一种属性，非公民独有。自然状态是一种为理性所控制的和谐状态，但被自私所破坏，因此人类面临的任务是要塑造自然的法则，以便恢复自古就有的理想，按照理性生活，就是按照自然生活。理性是各国人民共有的，因而自然法是普遍存在的。中世纪的神学家把自然法与新旧约圣经的天启法等同起来，他们中有的人认为自然法来源于神的理性，有的人主张自然法是神的意志的表现。

文艺复兴以后，自然法学说重新得到较大的发展。17世纪荷兰法学家格劳秀斯相信宇宙是由有理性的自然法统治着，自然法是由人的基本性质所必不可避免地要产生的那些准则的集合，所以它是可以理解和永久不变的。

霍布斯的思想是对自然法学说的继承和发展。他在《利维坦》中指出："自然权利就是每一个人按照自己所愿意的方式运用自己的力量保全自己的天性——也就是保全自己的生命——的自由。因此，这种自由就是用他自己的判断和理性认为最适合的手段去做任何事情的自由。自由这个词，按照其确切的意义说来，就是外界障碍不存在的状态。这种障碍往往会使人们失去一部分做自己所要做的事情的力量，但却不能妨碍按照自己的判断和理性所指出的方式运用剩下的力量。"[①] 自由是人的天赋的权利，每个人生来就有权享有一切事物，有权做他想做的事，有权占有、使用和享受一切他能掌握的东西。这就是人的天然的自由，它是自然法所规定的，人的理性所昭示的真理，是人性的表现。

在自然状态中，每一个人都充分运用自己的自由，追求自己天然的权利，每一个人都可以侵犯别人的权利和抵制别人侵犯他自己，这就造成了一切人反对一切人的连绵的战争。自然状态是战争状态，没有什么是不正义的，也谈不到正确和错误、正义和非正义。没有共同的权力，就没有法律；没有法律，就无所谓非正义。武力和欺诈是战

---

① 《利维坦》，商务印书馆1985年版，第97页。

争中的基本德性；正义和非正义是同社会中的人有联系的品德，与自然状态下的人无关。

homo homini lupus（人对人像狼一样）。霍布斯主张人性恶，他认为人是凶恶的动物，人们为争夺财富、名誉或权力，便产生竞争、仇恨和战争，因为竞争者要满足他的欲望，就必须杀害、制服、排挤或拒斥别人。在这种敌对和战争状态下，无论什么时候，谁都不能希望有足够的力量来保全自己。

当然这种战争状态并非仅仅存在于虚构的自然状态，在像英国资产阶级革命内战时期那种没有共同权力状态下，人们的自由是以人们的不安全为代价的。"在人人相互为敌的战争时期所产生的一切，也会在人们只能依靠自己的体力与创造力来保障生活的时期中产生。在这种状况下，产业是无法存在的，因为其成果不稳定。这样一来，举凡土地的栽培、航海、外洋进口商品的运用、舒适的建筑、移动与卸除须费巨大力量的物体的工具、地貌的知识、时间的记载、文艺、文学、社会等等都将不存在。最糟糕的是人们不断处于暴力死亡的恐惧和危险中，人的生活孤独、贫困、卑污、残忍而短寿。"①

然而，人是有理性的动物，理性要求人们应该结束战争状态，寻求和平。理性的自然法中有三条法则最为重要：第一，寻求和平、自我保全；第二，放弃天赋人权，使自己的自由权以不妨碍他人自由权为限，"当一个人为了和平与自卫的目的认为必要时，会自愿放弃这种对一切事物的权利，而在对他人的自由权方面满足于相当于自己让他人

① 霍布斯：《利维坦》，第 94 - 95 页。

对自己所具有的自由权利"；① 第三，转让权利，缔结契约。还有其他一些自然法则，所有自然法则可以用一句话概括：己所不欲，勿施于人。

契约的缔结便是国家的产生，"一大群人相互订立信约、每个人都对它的行为授权，以便使它能按其认为有利于大家的和平与共同防卫的方式运用全体的力量和手段的一个人格"，② 就是国家。这个人格的国家就叫作"利维坦"，体现这个人格的人是元首，他有至高无上的权力。或者说，承当这一人格的人就是主权者，具有主权，其余的人都是他的臣民。臣民不得改变政体，至高无上的权力不能撤消。主权者即元首有权制定法规，有立法权、司法权、宣战或媾和权等等，这些权力不可分享或分割。在君主制、贵族制或民主制政体中，君主制是最好的形式，虽然它也有许多弊端，但与其他政体的散漫状况相比，确有许多优越性，在君主身上公私利益结合得最密切，其行动最能保持前后一致等等。臣民服从的义务与君主用以保护人民的权力同始终；君主的责任是组成一个好的人民的政府；如果他的行为伤害人民，这种行为便破坏了神圣的自然法则。

在国家中，人们的自由便有了另一种意义，它不再是自然的自由，而是社会的自由，仅仅讲天赋自由已不能解决问题了。正如人们为了取得和平、保全自己的生命，而制造了国家一样，他们也制造了称为国法的若干人为的锁链，并通过相互订立的信约将锁链的一端系在他们赋与主权的个人或议会的嘴唇上，另一端则系在自己的耳朵上。"臣民的自由只是相对于这些锁链而言的自由。我们可以看

---

① 霍布斯：《利维坦》，第98页。
② 霍布斯：《利维坦》，第132页。

到，世界上没有一个国家能订出足够的法规来规定人们的
一切言论和行为……在法律未加规定的一切行为中，人们
有自由去做自己的理性认为最有利于自己的事情。因为自
由的本义如果指的是人身自由，也就是不受锁链锁禁和监
禁的自由；人们显然已经享有这种自由了……如果我们把
自由看成是免除法律的自由，那么，人们像现在这样要求
那种自由便也同样是荒谬的；根据这种自由，所有其他人
便都会自己主宰自己的生命了……"① 总之，臣民的自由只
有在主权者未对其行为加以规定的事物中才存在，如买卖
或其他契约行为的自由，选择自己的住所、饮食、生业，
以及按自己认为适宜的方式教育子女的自由等等。

霍布斯认为，人们很容易被自由的美名所欺骗，并由
于缺乏判断力不能加以辨别，以致把只属于公众的权利当
成了个人的与生俱来的权利。古希腊罗马人的哲学和历史
书中经常推崇的自由，不是个人的自由，而是国家的自由，
"当我们说雅典人和罗马人是自由的这句话时，指的是他们
是自由的国家，这不是说任何个人有自由反抗自己的代表
者，而是说他们的代表者有自由抵抗或侵略其他民族。现
在路加城的塔楼上以大字特书自由二字，但任何人都不能
据此而作出推论说，那里的个人比君士坦丁堡的人具有更
多的自由，或能更多地免除国家的徭役。不论一个国家是
君主国还是民主国，自由总是一样的。"②

主权者或元首，虽然据有国家的绝对权力；臣民虽然
在缔结契约时转让了自己的权利；但是人们仍有一些最基
本的权利没有放弃，仍享有最基本的自由。服从这个词本

① 霍布斯：《利维坦》，第 164 – 165 页。
② 霍布斯：《利维坦》，第 167 页。

身包含着义务和自由，任何人所担负的义务都是由他自己的行为产生的，因为所有的人都同样地是生而自由的。具体地说，每个臣民对于权利不能根据信约予以转让的一切事物都具有自由，譬如，如果主权者命令某人把自己杀死、杀伤、弄成残废或对来攻击他的人不予抵抗，或是命令他绝饮食、断呼吸、摒医药或放弃任何其他不用就活不下去的东西，即使判决合乎正义，这个人也有自由不服从。理由很简单，人们放弃或转让某种东西都是为得到某种相应的利益的，如果人们放弃某些权利以求获得安全，获得自我保全，而并不会得到应有的结果时，那么，人们是不会放弃这些权利的，契约对自我保全这个天赋自由没有任何限制。

我们在霍布斯著作的书名上读到的是国家，在其篇章题目上读到的是服从，然而，在其行文中，我们却强烈地感到字里行间都渗透着自由的呼声，不过，这种自由的呼声是稳健的、保守的、现实的、功利的、理论化的，正因此，它的影响、它的破坏力、它的革命性也是最为持久的。

3

盲诗人的歌

　　　　　弥尔顿永远是英国的光荣和赞赏的对象。①

　　　　　　　　　　　　　　　　　——伏尔泰

　　约翰·弥尔顿像霍布斯、洛克和博林布罗克一样，他的名字也经常出现在伏尔泰的著作中。伏尔泰在给爱米莉的一首诗中这样说：

　　最神圣的弥尔顿，我们觉得他比较崇高，

　　虽然在他的诗篇中美妙之处比较少，

　　为了幸福和贫穷的人们，

　　他编写了许多关于恶魔、天使和鬼怪的歌谣。

　　伏尔泰旅英期间读过弥尔顿的作品，对其文学作品评价并不算高，但是弥尔顿这个第一个为弑君辩护的人，给伏尔泰很大的感染，他的政治理想为伏尔泰树立了榜样。

　　弥尔顿不仅是 17 世纪英国资产阶级革命时代的诗人，也是杰出的政论家，他以自己的血汗和芸芸之躯培养了自由之树，他把诗人的激情融化在自由的呼声中，他为自由的呐喊，给人们留下不可磨灭的印象。

　　我不过是在激励人们摆脱束缚，

　　　　这是世人皆知的古老的自由法则，

　　　　却招致猫头鹰、布谷鸟、驴、猴和狗，

　　　　以刺耳的声音一齐向我号叫。

　　像那些变成青蛙的农夫，

　　　　责骂拉托娜女神的孪生子嗣一样，

　　　　却不知那就是未来的太阳和月亮，

---

　①　伏尔泰：《路易十四时代》，商务印书馆 1982 年版，第 494 页。

我就好像把珍珠抛向黑暗。

他们虽盲目地喊叫自由，

但真正给他们自由时却遭到拒绝，

因为他们高喊自由

正意味着放纵。

热爱自由的人首先要有智慧和美德，

而我看见他们却距此很远，

为了自由，

人们已花费了多少财富和血汗。①

弥尔顿的一生经历了 17 世纪的四分之三时间，他把毕生精力都献给了英国资产阶级的自由解放事业。1608 年，他出生于一个公证人家庭，16 岁入剑桥大学学习，把兴趣集中在文学诗歌上，早期著名的作品有《愉快的人》、《幽思的人》、《黎西达斯》和《科马斯》等，表现了浓郁的人文主义气息。1638 年，他开始旅行，访问过法国、瑞士和意大利。在意大利，他会见了被天主教囚禁的当时著名的科学家伽利略，伽利略坚持真理的精神给他很深的印象，他后来在《论出版自由》这篇政论文中提到这次难忘的会面，借机严厉地抨击天主教会压制言论自由。

在弥尔顿正准备继续东去漫游希腊时，国内传来革命即将爆发的消息，他立即取消旅行计划，载欣载奔，回国参加斗争。弥尔顿在英国革命中，支持克伦威尔为首的独立派，主张共和制，反对长老派与国王妥协。他在这个时期写了《论出版自由》（1644），这是他向英国国会提出的演说词，是一篇辞气磅礴，慷慨激昂的万言书。1788 年，

---

① 弥尔顿：I did but prompt the age to quit their cloggs.

法国大革命前夕，米拉波发表了一篇论文《论出版自由，仿弥尔顿》，刚一出版便销售一空，对法国革命产生过很大影响。

英国资产阶级革命胜利后，国王查理一世被判处死刑，接着又成立了共和国。为了保卫新政权，弥尔顿写了《偶像破坏者》一书，为处死国王辩护。国内外反动分子联合起来攻击英国废除君主制，有两本小册子影响最大，一是沙尔曼修写的《为国王查理一世辩护》，另一是摩路写的《国王鲜血的呼吁》。弥尔顿尽自己的学识和才力用拉丁文写了《为英国人民辩护》和《再为人民辩护》，尽情歌颂革命，赞美自由。他在写作之前本来已一目失明，写成之后因劳累过度双目都失明了，但是他却毫无悔意：

> 我的热情和希望丝毫无减，
> 我仍要向上迈进勇往直前。
> 朋友，你要问什么在支持我？
> 那是道义呀，我为保卫自由而失明，
> 保卫自由是我崇高任务，
> 全欧洲人们都在谈论它。
> 这个思想引导我戳穿世上的伪装，
> 虽失明而无疚。

克伦威尔死后，王党势力卷土重来，在共和国处于危急的时候，弥尔顿写了《建设自由共和国的简易办法》，他未能挽救革命，阻止复辟。复辟政府逮捕了弥尔顿，但是对这位威武不屈、继续为自由战斗的盲人也无可奈何。他出狱后，潜心于写作，把自己的理想形象化地写在著名诗篇《失乐园》、《复乐园》、《力士参孙》中。1674年他与世长辞。

弥尔顿是人民至上权利的拥护者，他先于卢梭宣布，人们是天生自由的，国家和政权的形成是自由契约的结果，因而主权永远属于人民。他早于孟德斯鸠，提出分权的原则，要求立法权归国会，行政权归国王或最高统治者。他早于伏尔泰，不仅从理论上，而且亲身参加争取自由的斗争。

弥尔顿热情地为英国人民争取自由的斗争辩护，他曾高傲地对反动分子讲，对任何国家来说，还有比恢复世俗生活的自由和敬仰上帝的自由更光采、更荣誉的事情吗？为了争取这两种自由，哪个民族、哪个城邦能比我们所取得的成功更英勇、更伟大呢？就大不列颠来说，过去人们常说它是出暴君的地方，而今后它就要变为爱国志士的发祥地，千秋万世永受赞美了。英国人从未放纵自己、藐视国法、任意妄为，没有愚蠢地追求自由的虚名，而懂得唯有高尚的生活和神圣的行为才是获得真正自由的正确途径。

自由是人的天赋的权利。弥尔顿在驳斥有人说英国人不是自由人时指出，上帝从未让任何人去受奴役，如果在暴君势力压倒人民的地方可以说是上帝把人民送去受奴役，那么在人民的势力压倒暴君的地方，难道就不能说上帝使人们获得了自由呢？如果昏君的暴政来自上帝，那么，人民的自由也同样来自上帝。耶稣基督降生为臣民，降生为奴仆，为的是使我们自由；他出生在暴君治下，服役在暴君治下，死在暴君治下，而为我们换取一切合法的自由；他自身付出了奴役的代价给我们带来了自由，甚至要为我们创造世俗自由。因此，自由的权利来自上帝，是任何人都不能剥夺的。

弥尔顿与霍布斯一样，他的全部政治理论也是建立在自然法学说基础上的。既然自由是人的天赋权利，那么"任何君主在本质上低于一切人"，"我们越接近自然，人民的权力就越明显处于国王之上"。① 在自然状态中，人们深受暴力之害，因此制定法律，统治者的权利正是来自这种自由的契约。但是人们订立契约是"为了保存真正的宗教和人民的自由"，而不是"为了要他竭力给我们的信仰带来天主教，给我们的自由带来枷锁，给我们的生命带来毁灭。"②

因而君主制是违反自然法的，爱自由的民族不能容忍"任何人擅自认定他是他们的主人，有统治他们的世袭权利"，人民不是君主的仆从、臣属，没有放弃自己的自由，不能做有损于自己尊严的事而对宫廷阿谀谄媚、匍伏跪拜。③ 建立共和国，实行自由政体，人民便可以得到永久的安全，不怕企图报复的君主，免遭王室的陷害；人民可以确保信仰自由和政治自由。"英国人民并不亚于古希腊人或古罗马人：我们也有高尚的品质，是应该享有共和国的自由的……我们为豪迈地维护自由、为胜利地铲除气焰嚣张的两个人权蹂躏者、即迷信与暴政而表现出坚贞和毅力。"④

在共和国中，要确保人民的自由，就必须建立有效的自由议会，它由人民选举，拥有立法权。国家的主权必须交给这个最高议会，主权永远属于人民，因此交给议会的权利不是转让，而是让它代理。

弥尔顿提出，在自由共和国中，人民必须享有充分的

---

① 弥尔顿：《为英国人民辩护》，商务印书馆 1959 年版，第 148 页。
② 弥尔顿：《建设自由共和国的简易办法》，商务印书馆 1964 年版第 7－8 页。
③ 参见上书，第 19 页。
④ 同上书，第 13 页。

自由，其中包括信仰自由、公民自由和出版自由。

一个人如果领会了上帝启示的意旨，得到了圣灵的指导，就可以按照上帝照耀在他心上的最灿烂的光辉自由地侍奉上帝，拯救自己的灵魂。既然《圣经》是最高的权威和准则，而且《圣经》只有依解释才能使人领悟，解释自然是因人而易的，因此这件事本身便含有信仰自由的意思。人人都应该最喜爱、最珍视的信仰自由，只有在自由共和国中最能被尽心促进、加意保护，因为自由共和国政府是最大方、最无畏、对自己的公正行为最有信心的政府。

出版自由和言论自由是公民最基本的权利。弥尔顿专门写了《论出版自由》一书，控诉专制制度对人权的践踏。"我不否认，教会和国家最关心的事是注意书籍和人的具体表现，然后对作恶者加以拘留、监禁并严予制裁。因为书籍并不是绝对死的东西。它包藏着一种生命的潜力，和作者一样活跃。不仅如此，它还像一个宝瓶，把创作者活生生的智慧中最纯净的菁华保存起来。我知道它们是非常活跃的，而且繁殖力也是极强的，就像神话中的龙齿一样。但是，从另一方面来说，如果不特别小心的话，误杀好人和误禁好书会是同样容易的。杀人只是杀死了一个理性的动物，而禁止好书则是扼杀了理性本身。"① 许多人的生命可能只是土地的一个负担，但一本好书则是把杰出人物的宝贵心血熏制珍藏起来，目的是为了未来的生命。死者固然不能复生，但这种损失并不太大，而每个时代的理性如果被破坏，会使整个世界都受影响。

书籍检查制度和许可制度是无用的、有害的，即使这种制度的建立是为了查禁坏书也是如此。如果一本坏书对

---

① 弥尔顿：《论出版自由》，商务印书馆 1958 年版，第 5 页。

有学问的人是不宜的，那么检查人可以自信他就不会被腐蚀吗？书不在于好坏，关键在于它的读者，一个聪明人就像一个优秀的冶金者一样，能从一堆矿渣似的书中提炼出金子，而一个蠢人拿不拿书都是一个笨蛋，因此我们没有理由因为要限制蠢人而剥夺聪明人在增加智慧方面的任何便利条件。任何严格的限制出版自由的措施都不会消除世上的罪恶，意大利和西班牙的宗教法庭对书籍的限制极为严格，而那里的风气比其他地方更坏、更不诚朴、更不明智、更不纯洁。"只要肯动脑筋就可以清楚地知道，我们的信仰和知识，正和我们的肢体与面容一样，愈运动愈健康……一个人在信仰真理时可能会成为异教徒。如果他仅仅因为牧师对他作了某种解说，或是宗教裁判法庭作了某种决定，就不问原由地相信一个事物，那末纵使他相信的是真理，这个真理也会变成他自己的异端。"①

对于统治者来说，不同的意见是十分可贵的。如果一个人能对你们已经完成的高尚事业坦然地加以赞扬，同时又毫无顾忌地对于你们如何能够做得更好的问题同样坦然地表示意见，那么他便已经向你们最可靠地保证了自己的忠诚，并且用最诚挚的爱戴和希望，来拥护你们今后的行动。

"自由地认识、抒发己见，根据良心自由地讨论，这才是一切自由中最重要的自由。"②

弥尔顿是诗人，诗人的气质使他对自由的事业比别人更为热忱、忠贞；诗人的清高使他鄙视与任何小人妥协；他首先是位诗人，然后才是一位政论家，这使他很少沾染

---

① 弥尔顿：《论出版自由》，商务印书馆1958年版，第34－35页。
② 弥尔顿：同上书，第45页。

政坛上的腐败气息；他是诗人，不是哲学家，他的论述不及霍布斯、洛克那样条理分明，周全严密，却比他们纯洁、执着、勇敢、无畏，在他身上散发着参孙式的战斗精神。

4 先知先觉

> 只有洛克才可以算是我们的时代胜于希腊最辉煌的时代的伟大例证。①
>
> ——伏尔泰

伏尔泰最推崇的英国思想家是洛克。他自称自己是第一个把洛克介绍给法国读者的人，并对此感到十分骄傲。他的哲学基本上是洛克哲学的法国翻版。离开英国37年后，1766年他在《无知的哲学家》一文中仍缅怀洛克对他的启迪，他说："我跑了许多很不幸的弯路，疲惫不堪，寻求真理所得到的却是一些空想，深觉惭愧，我又回到洛克这里来，就像一个浪子回到父亲那里一样，我投入一个有节制、谦虚的人的怀抱，他从不假装知道他不知的东西；他其实并没有渊博的知识，但是他的基础是巩固的；他拥有最坚实的知识而从不卖弄。"② 据说伏尔泰晚年对洛克仍十分尊敬，有一天，当他的外甥女德尼夫人给他读洛克的著作时，他简直达到了心醉神迷的程度，情不自禁地流下欣快的眼泪。

洛克素描

使伏尔泰对洛克如此入迷的东西有四件：唯物主义经验论、自由、宽容、人权。

约翰·洛克的政治理论与霍布斯的有很大的差别，霍布斯是在英国革命的动荡时期，为资产阶级秩序的合理性做论证，而洛克是在1688年光荣革命之后，对整个英国资产阶级革命进行理论上的总结。因此霍布斯的直接影响在

---

① 伏尔泰：《路易十四时代》，商务印书馆1982年版，第497页；译文有较大改动。

② W. J. 布莱克（W. J. Black）编：《伏尔泰最著名的著作》（The Best Known of Voltaire），纽约1927年版，第452页。

17 世纪，而洛克就其思想的成熟程度来讲属于 18 世纪。他们的共同点在于都是从自然法学说出发的，因而他们的思维程序和论证的逻辑是一致的。

自然状态是一种完备无缺的自由状态，人们在自然法的范围内，按照他们认为合适的办法，决定他们的行动和处理他们的财产和人身，而毋需得到任何人的许可或听命于任何人的意志。虽然这是自由的状态，却不是放任的状态。在这种状态中，虽然人具有处理他的人身或财产的无限自由，但是他并没有毁灭自身或他所占有任何生物的自由，除非有一种比单纯地保存它来得更高贵的用处要求将它毁灭。自然状态有一种为人人所应遵守的自然法对它起着支配作用；而理性，也就是自然法，教导着有意遵从理性的全人类：人们既然都是平等和独立的，任何人就不得侵害他人的生命、健康、自由或财产。正因为每个人都必须保存自己，不能擅自改变他的地位，所以基于同样理由，当他保存自身不成问题时，他就应该尽其所能保存其余的人类，而除非为了惩罚一个罪犯，不应该夺去或损害另一个人的生命以及一切有助于保存另一个人的生命、自由、健康、肢体或物品的事物。

为了约束所有的人不侵犯他人的权利、不互相伤害，使大家都遵守旨在维护和平和保卫全人类的自然法，自然法便在那种状态下交给每一个人去执行，使每个人都有权惩罚违反自然法的人。自然法和世界上有关人类的其他法律一样，如果在自然状态中没有人拥有执行自然法的权力，以保护无辜和约束罪犯，那么自然法就毫无用处了。

洛克认为，自然状态并不像霍布斯所设想的那样一种战争状态，而是和平、友爱和互助的状态。自然状态与战争状态有着明显的区别，人们受理性支配而生活在一起，不存在拥有对他们进行裁判的权力的人，他们是处于自然状态，不基于权利以强力加诸别人，不论有无共同裁判者，都造成战争状态。

与霍布斯一样，洛克也认为，从自然状态进入到社会状态是必然的，国家的产生是必然的。在自然状态中，缺少一种确定的、规定了的、众所周知的法律，为共同的同意接受和承认为是非的标准和裁判他们之间一切纠纷的共同尺度。在自然状态中，缺少一个有权依照既定的法律来裁判一切争执的知名的和公正的裁判者，每个人都是裁判者和执行者，人们又是偏袒自己的，因此情感和报复之心很容易使他们超越应有的范围。在自然状态中，往往缺少权力来支持正确的判决，使它得到应有的执行。

洛克是这样说的："如果人在自然状态中是如前面所说的那样自由，如果他是他自身和财产的绝对主人，同最尊贵的人平等，而不受任何人的支配，为什么他愿意放弃他的自由呢？为什么他愿意丢弃这个王国，让自己受制于其他任何权力的统辖和控制呢？对于这个问题，显然可以这样回答：虽然他在自然状态中享有那种权利，但这种享有是很不稳定的，有不断受别人侵犯的威胁。既然人们都像他一样有王者气派，人人同他都是平等的，而大部分人又并不严格遵守公道和正义，他在这种状态中对财产的享有就很不安全、很不稳妥。这就使他愿意放弃一种尽管自由却是充满恐惧和经常危险的状况，因而他并非毫无理由地设法和甘愿同已经或有意联合起来的其他人们一起加入社会，以互相保护他们的生命、特权和地产，即我根据一般的名称称之为财产的东西。"①

---

① 洛克：《政府论》下篇，商务印书馆 1964 年版，第 77 页。

总而言之，人们为了自身的和平、安全和公众福利，为了保全自己的生命、自由和财产，便放弃了执行自然法则的权利，通过契约，委之于社会，从而形成政治或市民社会。

人类天生都是自由、平等和独立的，如不得本人的同意，不能把任何人置于这种状态之外，使其受制于另一个人的政治权力。任何人放弃其自然自由并受制于公民社会的种种限制的唯一的方法，是同其他人协议联合成为一个共同体，以谋求他们彼此间的舒适、安全和和平的生活，以便安稳地享受他们的财产并且有更大的保障来防止共同体以外任何人的侵犯。当某些人这样地同意建立一个共同体或政府时，他们因此就立刻结合起来并组成一个国家，大多数人享有替其余的人作出行动和决定的权利。

社会的自由与自然的自由是不同的。"人的自然自由，就是不受人间任何上级权力的约束，不处在人们的意志或立法权之下，只以自然法作为他的准绳。处在社会中的人的自由，就是除经人们同意在国家内所建立的立法权以外，不受其他任何立法权的支配；除了立法机关根据对它的委托所制定的法律以外，不受任何意志的统辖或任何法律的约束。"① 基于此，洛克强调指出，自由并不是"各人乐意怎样做就怎样做，高兴怎样生活就怎样生活，而不受任何法律束缚的那种自由"。处在政府之下的人们的自由，应该有长期有效的规则作为生活的准绳，这种规则为社会一切成员所共同遵守，并为社会所建立的立法机关所制约。这是在规则未加规定的一切事情上能够按照自我的意志去做的自由，而不受另一个人的反复无常的、事前不知道的和

① 洛克：《政府论》下篇，第16页。

武断的意志的支配；如同自然的自由是除了自然法以外不受其他约束那样。

人是自由的主体，人生的目的在于追求幸福，追求真正的幸福是一种必然性，这种必然性是一切自由的基础。一个人如果只是自由地做傻事，蒙羞被难，这不是自由。脱离了理性的束缚，而且不受判断的限制，自己选择所做的一切都是最坏、最糟的，这并不是自由。如果这些是自由，则疯子和蠢人可以说是世上唯一的自由人了，没有人会因为这种自由而愿做一个疯子。"追求幸福的恒常欲望，以及追求幸福时这种欲望给我们的限制，没有人会认为它们是自由的束缚；或者至少说，没有人会认为这种束缚是可抱怨的。"① 人们通过理性的判断对自己的行为做出决定，不但不限制自由、减少自由，反而会促进它、加强它。

同理，在社会中，法律与自由是相辅相成的，没有法律便没有自由。法律按其真正的含义而言，与其说是限制还不如说是指导一个自由而有智慧的人去追求他的正当利益。"法律的目的不是废除或限制自由，而是保护和扩大自由。这是因为在一切能够接受法律支配的人类的状态中，哪里没有法律，哪里就没有自由。这是因为自由意味着不受他人的束缚和强暴，而哪里没有法律，哪里就不能有这种自由。但是自由，正如人们告诉我们的，并非人人爱怎样就可怎样的那种自由（当其他任何人的一时高兴可以支配一个人的时候，谁能自由呢？），而是在他所受约束的法律许可范围内，随其所欲地处置或安排他的人身、行动、财富和他的全部财产的那种自由，在这个范围内他不受另一个人的任意意志的支配，而是可以自由地遵循他自己的

---

① 洛克：《人类理解论》，第 2 卷第 21 章第 50 节。

意志。"①

人的自由和依照他自己的意志来行动的自自，是以他具有理性为基础的，理性能教导他了解他用以支配自己行动的法律，并使他知道他对自己的自由意志听从到什么程度。在他具有理性来指导他的行动之前放任他享有无限制的自由，并不是让他得到本性自由的特权，而是把他投入到野兽中，让他处于和野兽一样的不幸状态。因而，能够认识到限制与自由的关系，是人的成熟的标志。

洛克还强调指出，社会契约的缔结并非是自然状态的完全终结，他与霍布斯一样认为，人的某些天赋自由、天赋人权，如自我保存的权利并没有丧失，人们尽管缔结了契约，服从法律和政府，但是人们这样不是使自己受奴役，任何奴役与人的天赋自由都是相悖的。一个人既然没有创造自己生命的能力，就不能用契约或通过同意把自己交给任何人奴役，或置身于别人的绝对的、任意的权力之下，任其夺去生命。当他权衡奴役的痛苦超过了生命的价值时，他便有权以情愿一死来反抗他的主人的意志。洛克的这个结论与霍布斯有根本的差别，它具有明显的、鲜明的革命性。

与霍布斯相反，洛克认为，绝对君主专制政体同市民社会是不相容的。如果君主兼有立法权和行政权，就没有公共的法官公平无私和有权威地进行判决，没有既成的法规可以遵循，公民便成了独夫的奴隶。"无论何人，如果不用国家法律所规定的方法取得行使统治权的任何部分的权力，即使国家形式仍被保存，也并不享有使人服从的权利；因为他不是法律所指定的人，因而就不是人民所同意的人。

---

① 洛克：《政府论》下篇，第36页。

在人民能够自由地表示同意，并已确实同意承认和确认他一直是篡夺得来的权力以前，这样的篡夺者或其继承人都没有权利的根据。"①

立法权与行政权必须分立。立法权是政府的最高权力，不得专断，因为即使设立该机构的人也没有这样的专断权力；立法权也不得以权宜性政令进行治理，因为人们是在已知的法律和法官的条件下联合的；立法机构不得将立法权委付他人，因为这种权力是社会以不可更改的方式置于其手中的。立法机构的权力属于受托性质，假若它的行为有负于对它的信任，人民拥有最高权力加以更改。行政机关从属于立法机构，因而其权力受到更多的制约。为了保障自由，立法和行政不能置于同一机构手中这一点是至关重要的。

国家是由人们组成的社会，人们组成这个社会仅仅是为了谋求、维护和增进公民们自己的利益。所谓公民利益是指生命、自由、健康和疾病以及对诸如金钱、土地、房屋、家具等外在物的占有权。因此，社会必须保障公民的基本权利和自由，它们包括：

第一，信仰自由。对于那些在宗教问题上持有异见的人实行宽容，这与耶稣基督的福音和人类的理智本来是完全一致的。真正的宗教的全部生命和动力，只在于内在的心灵里的确信，没有这种确信，信仰就不成其为信仰。因此，信仰问题是世俗官员无权过问的。教会有权过问信仰问题，但无权妨碍人们的信仰自由。教会之所以成立，只是为了以它自己的方式，自由地礼拜上帝。"不论是个人还是教会，连国家也在内，总而言之，谁都没有正当的权利

① 洛克：《政府论》下篇，第121页。

以宗教的名义而侵犯他人的公民权和世俗利益。"① 真理不是靠法律教诲的，也不需要强力将它带入人们的心灵里。如果真理不以自己的光芒来开辟通往悟性的道路，它就只能是个弱者，任何外来的强暴都可以强加于它。

第二，良心自由。良心自由是每个人的自然权利，每个人都在法律范围之外的一切问题上，有权确立自己的价值标准。

第三，集会自由。公民的集会，无论是公开的还是私下的，都应享有法律的保护。

第四，言论自由。"任何人都有一种不可侵犯的自由权利，任意使用各种字眼来表达自己心中的观念。"② 人们的意见虽然参差不齐，但是他们彼此应当维持和平，培植友谊。我们并不能希望任何人甘于谄媚而放弃自己的意见，并且盲目地屈从人的理解所不能承认的权威，从而接受我们的意见。人们的理解不论怎样错误，除了自己理性之外，决不盲目屈服他人的意志和命令，人们有权自由地表达自己的意见，这是任何强权不能压制的。

洛克的政治学说与他的哲学思想一样，在 18 世纪初风靡一时，到该世纪末达到顶点，为美国革命和法国革命奠定了政治基础。他的学说中为捍卫个人自由、个人同意以及自由获得并享有财产的不可剥夺的权利而进行斗争的思想在这两次大革命中取得丰硕成果，他对自由、人权以及人的天赋尊严所抱的真正信念，同他的温和而又通情达理的态度结合在一起，使他成为资产阶级革命的理想代言人。

---

① 洛克：《论宗教宽容》，商务印书馆 1982 年版，第 15 页。
② 洛克：《人类理解论》，第 3 卷第 2 章第 8 节。

5

他忘记了埋葬自己

> 在自由的国家有一百金币，比在专制的国家有一千金币更有价值。①
>
> ——伏尔泰

伏尔泰不仅盛赞英国人的政治自由，还对英国的宗教宽容和信仰自由推崇备至。他仔细考察过英国的教派，《哲学通信》的 25 封信中有 7 封信是介绍该国教派情况的。

他偏爱公谊会信徒，认为他们的行动体现了自然神论的思想，他们的简朴和纯洁符合基督教的原始教义，他们温文尔雅、和平相处，没有宗教狂热引起的纠纷，自由、平等、共同生活，视四海之内的人皆为兄弟。

"这里是一个宗派林立的国度。一个英国人，作为自由人，可以沿着他所喜欢的道路进入天堂。"② 伏尔泰赞扬英国的信仰自由，每个人都可以按照自己喜欢的方式供奉上帝。虽然在英国也有占统治地位的宗教，如圣公会，它的信徒占总人口的二十分之十九，但是，与其他国家不同，非圣公会的信徒在政治上与圣公会信徒享有平等权利。供奉上帝的方式不同，并不影响任何人得到政府职位。

在当时的英国已没有宗教狂热，教派之间的对立固然存在，有时还相当激烈，但是它们的行为不过是把对立教派的教堂玻璃打碎罢了，没有宗教战争了，也没有圣巴托罗缪之夜。和其他国家相仿，宗教分歧同样渗透到政治生活中，托利党拥护主教制，辉格党要求取消主教制，但是各党当政的时候，只不过把对方压服而已，没有采取关押、

---

① 伏尔泰：《回忆录》，路易·莫兰编：《伏尔泰全集》法文版，第 1 卷第 40－41 页。

② 伏尔泰：《哲学通信》，第 18 页。

流放、杀头的行动。

在当时的英国，教会的地位正在下降，主教们虽然保留住在上议院的26席职位，但是他们在议会中并不比公爵和贵族议员在巴黎更有权。无论英格兰和爱尔兰的圣公会，还是苏格兰的长老会，神职人员比法国神职人员规矩。他们大多数是从牛津和剑桥大学毕业的，远离首都肮脏龌龊的环境，既没有政治野心，也很少与妇女交往，满足于厮守自己的老婆，而不像法国神职人员那样，生活放荡，借助女人的阴谋向上爬。

在英国，圣公会和长老会占统治地位，但是并不排斥其他教派，并且相处得很好。这种状态是英国商业和工业发展带来的新观念的产物。"请走进伦敦交易所去看看吧，这是比各种小朝廷更值得尊敬的地方。在那里你可以看到各民族的代理人为着人类的利益而聚集在一起。在那里，犹太人、伊斯兰教徒和基督教徒，他们彼此相处好像是出于同一的宗教，他们只把异教徒的名号送给那些因为投机而破产的人们；在那里，长老会的信徒信任浸礼教信徒，而圣公会信徒也接受公谊会信徒的诺言。从这些和平的和自由的集会走出来时，有些人去犹太教的礼堂，有些人去喝酒，有些人去接受洗礼，有些人却让人割去他儿子的包皮，还有些人到教堂去默默等待上帝给他灵感。"①

伏尔泰1726年以后的作品，积极阐发了他在英国形成的这些思想，《论法兰西内战》分析了法国宗教战争给社会带来的危害，《奥尔良少女》痛斥了法国神甫的伪善和教会的残暴，《查伊尔》通过血淋淋的爱情悲剧，向宗教偏见提出强烈抗议和愤怒控诉，《勒库弗勒小姐之死》更直截了当

---

① 伏尔泰：《哲学通信》，第23－24页。

地抨击法国教会对文化人的迫害，《形而上学论》系统地阐发了他的自然神论的思想，《宗教狂热，或先知穆罕默德》不仅借揭露伊斯兰教创始人的阴险奸诈，卑鄙无耻，影射法国天主教会的狂热，而且进一步指出宗教产生的原因是愚昧和欺骗。

伏尔泰在《哲学辞典》提出，基督教本应该是最讲宽容的，因为它还在摇篮时就受到迫害，它的许多信徒被视为叛逆死于罗马刽子手的刀剑之下。这种恐怖的倾轧持续了许多世纪，给人们有益的教训。倾轧是人们的通病，唯有宽容才能救治它。然而，人们却生活在偏执的社会中，有一些人靠劫掠穷人为生，靠吸穷人的血汗养肥自己，却嘲笑穷人的愚蠢。他们厌恶宽容，就像教徒靠公共开支致富而生怕损失自己的钱袋，就像僭主暴君惧怕自由这个词一样。如果天主教所宣传的不宽容是正确的话，如果我们都必须严格遵守天主教的信仰规范的话，那我们都应该成为犹太人，因为救世主基督就诞生在犹太人之家，生活在犹太人之家，死于犹太人之家。总而言之，我们应当互相宽容，我们都很懦弱，不协调，感情易变，易犯错误。一根被风吹倒在泥潭中的芦苇，会对倒在一旁的芦苇说："像我一样地趴着吧，可怜的家伙，或许我会祈求上苍把你连根拔起并烧掉。"人类就是这样。

还有一件使伏尔泰感到得意的创举是，他为了向法国反动分子示威，在费尔内建立了一个宗教宽容的模范村。在伏尔泰购买费尔内庄园以前，那是一个十分落后、典型农村经济的村庄，苛捐杂税使人民困苦不堪。伏尔泰计划把它建成工业村，建成一座小城市，他投资办工厂，从日内瓦请来技术工人。由于最初建起的是缫丝厂，他给这个设想中的城市取名为沃尔舒瓦，意为"蚕茧"。为了体现宗教宽容精神，伏尔泰宣布沃尔舒瓦将是一个新教徒能够合法结婚的法国城市。

他对自己的成就是十分满意的，声称一时间就有 50 多个胡格诺教家庭返回祖国。他把钱借给他们，帮助他们建立制表工厂，在不到 6 个星期的时间里，生产了满满一箱钟表运往加第斯。费尔内工业的发展，给法国胡格诺教徒带来希望。伏尔泰在给一位红衣主教的信中讲，在这里，工人们既不参加新教仪式，也不去望弥撒，而心安神定，专心致志做自己的工作。

1764 年，国王的情妇蓬巴杜尔夫人死后，本来支持伏尔泰的大臣舒瓦瑟尔失宠下台，使建立沃尔舒瓦城的计划搁浅。伏尔泰仍继续发展他的工业村，把它看作是宽容的实验室，看成是启蒙精神的体现。到 70 年代中期，这个开拓地由最初几十个受迫害的新教家庭的庇护所，发展到拥有 1200 多居民的富裕村庄。许多朋友高度赞扬他的这项成就，有人称他是"欧洲的孔夫子"；普鲁士国王弗里德里希二世说："照耀世界的光明来自一座名叫费尔内的村庄。"

伏尔泰的经济思想完全是资产阶级的，他有时倾向重商主义，有时拥护重农主义，他在费尔内一方面大力发展工业，创办缫丝、制表等工厂，同时他又认为，农业是根本，劝阻费尔内的农户不要放弃农业都去当钟表匠。他反对封建土地所有制，主张把教会的土地分给私人占有，称财产和自由是"自然的呼声"。同时他强烈要求，农民应该有自由出卖劳动力的权利，这样才有利于工业的发展。

伏尔泰的自由思想也是以自然法学说为出发点的，他把自然在每个时代为了维护正义而为人们指出的那些法则叫作自然法，这些法则是符合人类利益和理性的法则。自由是人的自然权利，他曾讲过，使自己成为自由的人，并把周围的人都视为平等的，"这就是人的真正生活、自然的生活；任何其他的生活都是卑鄙的阴谋诡计、拙劣的滑稽戏。"① 伏尔泰认为，自由就是只服从法律，除了人们共同制定的、代表其共同利益的法律之外，没有任何东西应该侵犯人的权利。

自由首先是个人自由。他愤怒谴责奴隶制，指责法国仍在某种程度上保留着中世纪的农奴制，严重阻碍了资本主义工业的发展。其次，自由还包括言论自由和出版自由。他指责日内瓦当局下令烧毁卢梭的著作《爱弥尔》，他在《共和思想》中这样说："我们烧毁了这本书。烧毁它这个行为大概和写出它一样令人憎恶。有一些东西是狂热的政府有所不知的，倘若这本书对社会有危险，它自然会被抵制，而烧毁一本有理性的书即是说，'我们没有足够的才智反驳它'。"② 他把日内瓦宗教法庭与英国的政治实践作了比较，指出："发表自己思想的自由是公民的自然权利。他能够使用他的笔就像使用他的声音一样：禁止写作比禁止说话更不应该。"③

他在《哲学辞典》的"言论自由"和"出版自由"条目中指出，如果早期基督徒没有思想自由，便不会有基督教。他还指出："当我们出席一场表演时，倘若每个人都能自由地发表意见，社会是平静的，不会产生混乱；但是如果某位诗人的蛮横的保护者强迫所有人宣布他们认为不好的东西合乎自己的趣味，随之而来的便是不幸……暴君统治思想是引起世界不幸的部分原因。我在英格兰是幸福的，

① 路易·莫兰编：《伏尔泰全集》法文版，第 36 卷第 262 页。
② 路易·莫兰编：《伏尔泰全集》法文版，第 24 卷第 424 页。
③ 路易·莫兰编：《伏尔泰全集》法文版，第 24 卷第 418 页。

只是因为每个人都享有自由发表意见的权利。"①

伏尔泰强调，书不会误国。一种国家制度、一个重要事件的兴衰，有其内在的必然性。荷兰曾出版过五、六千本反对路易十四的小册子，没有一个导致路易十四在战场上的失利，路易十四的失败有其他原因。有人认为，英格兰和荷兰的出版自由会带来可怕的堕落，会加速它们的毁灭。神学家叫喊，如果出版某些自由思想的书，宗教就会毁灭，政府就会丧失。伏尔泰毫不留情地反驳说，那些宗教的毁灭和政府的垮坍，并不是由于出版了某一本书造成的，而是因为它们本身已经腐朽堕落。一切书中，最危险、最锐利的，莫过于斯宾诺莎的著作，他不仅作为一个犹太人来攻击新约圣经，而且还作为一个学者来彻底毁坏旧约。他的无神论思想体系比伊壁鸠鲁的要强烈一千倍，但是，他的无神论没有给人间造成祸害。宗教改革运动却给罗马教会以致命的打击，如果路德、加尔文等人仅仅满足于写作，决不会产生这种结果。一个狂热而有门户之见的、无知愚昧的、野心勃勃的教士，比一个开明的作家更能加速教会的毁灭，罗马教会在许多国家被击败，决不是某本书的力量，而是由于它贪得无厌、滥施"恩惠"、假仁假义、凌辱人群，引起整个欧洲的反抗造成的。伏尔泰断言，无论书籍是否会造成危害，"我们天然地据有使用我们的笔的权利，就像我们有说话的权利一样。"②

伏尔泰在理论上，以自然法学说和人道主义原则为基础，论证了自由的合理性和人享有自由的权利。这些论述

---

① 伏尔泰：《哲学辞典·言论自由》，威廉·弗来明编：《伏尔泰著作集》（The Works of Voltaire），纽约 1929 年英文版，第 6 卷上册第 130 页。

② 伏尔泰：《哲学辞典·出版自由》，威廉·弗来明编：《伏尔泰著作集》英文版，第 6 卷上册第 130 页。

与霍布斯、洛克以及后来的亚当·斯密、休谟等人相比，显然缺乏理论深度和逻辑的严密性，也缺乏创见。但是他作为 18 世纪首屈一指的自由思想家和启蒙运动的泰斗，在实践上孜孜不倦地为捍卫人的自由，同反动的专制势力进行了英勇斗争，为迎接新时代曙光的来临，培养了一代新人，这个地位是其他任何人也无法取代的。

安德烈·莫洛亚说过："倘若 17 世纪是路易十四的世纪，那么，18 世纪是伏尔泰的世纪，确确实实没有他人能够更好地体现那个充满生气、璀灿光辉的时代。正是在 18 世纪，资产阶级觉醒并且日益富裕起来，伏尔泰就是一个富绰的资产阶级人物；正是在这个世纪，自然科学采用新的方法而发展起来，伏尔泰热衷于所有科学；最后，正是在这个世纪，宗教、君主政治和贵族制度经历了一个彻底变革，伏尔泰是一个伟大的改革者。此外，他用超群绝伦的横溢才华，捍卫了新的原则，他以最清晰、最使人愉快的风格表达了那个时代深受欢迎的思想。"[1]

伏尔泰在生命的最后时刻，冒险返回巴黎，受到进步思想家和广大群众的欢迎。他回巴黎后的头一个星期便会见了美国科学家、独立战争时期杰出的自由战士本杰明·富兰克林。孔多塞称这两个人分别是旧世界和新世界宽容的代表。富兰克林把他的孙子巴赫也带来拜访这位欧洲的第一名流，让巴赫跪在伏尔泰面前，请求赐福。伏尔泰用英文说："我的孩子，请记住上帝和自由这两个词吧！"

伏尔泰一生永不停息地为人类、为社会、为宽容、为自由而战斗，直至生命的最后一息，"他忘记了埋葬自己"。

---

[1] 安德烈·莫洛亚：《伏尔泰永葆青春的思想》（The Living Thought of Voltaire），1937 年英文版，第 1 页。

理性和自由的法典

> 人性的最大天赋叫作自由。

> ——伏尔泰

法国大多数启蒙思想家都去过英国，就像现在东方人到西方求学、西方人到东方学功夫一样，在当时是一种时髦。大概与伏尔泰流亡伦敦的同时，法国另一伟大的启蒙思想家孟德斯鸠也在英国旅居过两年，不过他并不像伏尔泰那样，从巴士底狱出来，有家难回，流落异邦。孟德斯鸠当时已是法兰西学院的院士，拥有男爵的封号，1728 年他在欧洲各国游历时，结识了英国驻荷兰大使，于次年一同渡海到英国旅行。他在那里结交了许多名流、学者，如著名的自然神论者博林布罗克和大哲学家休谟；他还从事学术活动，特别着重研究了英国的国家制度、立法情况，时常到议会旁听辩论。他在英国读了洛克的一些著作，对分权学说尤为感兴趣。1731 年，孟德斯鸠回国后，闭门整理自己搜集的资料，埋头写作，在随后 10 多年中先后发表《罗马盛衰原因论》和《论法的精神》等伟大著作。就其思想发展而言，他与伏尔泰是极为相似的。

孟德斯鸠以明显的赞许口吻描述了英国政治制度的特点，他指出，全欧洲人民服从本国君主的程度各有不同，英国人民性格比较"倔强"，他们在政治上争得了较多的自由。他们就不让国王有可能巩固自己的权力和成为独裁者。英国人认为，人与人之间的相互关系是由他们互相给予对方的幸福决定的，如果君主不但不为臣民造福，反而压迫他们，那么臣民就再也没有服从他的理由了，于是他们便恢复自己的天然自由。

自由的概念是孟德斯鸠用以评价政治关系的基本准则，

法意（书影）

他说,"美妙的自由"是符合理性、人性和本性的。《论法的精神》指出,没有一个词比自由有更多的涵义,有些人认为,能够轻易地废黜他们曾赋予专制权力的人,就是自由;有些人认为,选举他们应该服从的人的权利就是自由;另一些人把自由当作是携带武器和实施暴力的权利;还有些人把自由当作是受一个本民族的人统治的特权,或是按照自己的法律受统治的特权。有的民族在很长时期内把留长胡子的习惯当作自由。有些人把自由与某种政体联系在一起,欣赏共和政体的人说共和政体有自由,喜欢君主政体的人说君主政体有自由,每个人把符合自己习惯或爱好的政体叫作自由。有些人在诉苦时,经常看不见也不十分注意那些痛苦的制造者,而法律的声音十分响亮,执行法律的人却很少有什么声音,因此,人们通常认为共和国有自由,君主国无自由;有人认为,在民主政治的国家里,人民仿佛是愿意做什么几乎就可以做什么,因此,人们便以为这类政体有自由。孟德斯鸠指出,那些认为民主政体有自由的人们,其实是把人民的权力与人民的自由混淆了起来。

什么是自由呢?孟德斯鸠认为:"在民主国家里,人民仿佛愿意做什么就做什么,这是真的;然而,政治自由并不是愿意做什么就做什么。在一个国家里,也就是说,在一个有法律的社会里,自由仅仅是:一个人能够做他应该做的事情,而不被强迫去做他不应该做的事情。我们应该记住什么是'独立',什么是'自由'。自由是做法律所许可的一切事情的权利;如果一个公民能够做法律所禁止的事情,他就不再有自由了,因为其他的人也同样会有这个权利。"①

孟德斯鸠是法学家，他对自由下的定义显然比伏尔泰、卢梭和狄德罗等人，甚至比洛克要准确。

他对自由的论证是从两个方面入手的，认为应该把同政制相关联的政治自由的法律和同公民相关联的政治自由的法律区别开来，或者说，把自由与政制的关系和个人自由的实现区别开来。

世界上一切国家都有一个相同的目的，就是自保，但是每一个国家又各自有其独特的目的：扩张是罗马的目的，战争是拉栖代孟的目的，宗教是犹太法律的目的，贸易是马赛的目的，太平是中国法律的目的，天然自由是野蛮人施政的目的，君主的欢乐是专制国家的目的，光荣是君主国家的目的。在这个世界上，只有英格兰的君主立宪制政体的直接目的是政治自由。

孟德斯鸠素描

民主政治和贵族政治的国家，在性质上并不是自由的国家，政治自由只在宽和的政府里存在。不过它并不是经常存在于政治宽和的国家里，它只在那样的国家的权力不被滥用的时候才存在。但是一切有权力的人都容易滥用权力。从事物的性质来说，要防止滥用权力，就必须以权力约束权力，必须设立一种政治制度，不强迫任何人去做法律所不强制他做的事，也不禁止任何人去做法律许可的事。因此，公民政治自由要通过三权分立才有保障。

每个国家都有三种权力：立法权、行政权和司法权。如果立法权和行政权结合在一起，集中在同一个人或同一个机关之手，就没有自由可言，因为拥有这些权力的个人或机关，将有可能颁布一些暴虐的法律，并暴虐地加以执

---

① 孟德斯鸠：《论法的精神》，商务印书馆 1978 年版，上卷第 154 页。

行。如果这两种权力之一和司法权结合在一起，也将同样没有自由可言。当法官同时又是一个立法者时，就会造成专断；当法官是一个执行者时，他就可以轻易地成为压迫者。如果这三种权力集中在一个人身上，那就一切都完了，因为这种集中是专制制度的特点。孟德斯鸠举了罗马共和国为例子，说明行政权与司法权不能合在一起。格拉古兄弟剥夺了元老院议员的司法权力时，元老院就不能再抵抗人民了，"他们侵害了政制的自由，为的是要维护公民的自由，但是公民的自由却和政制的自由一起消亡了。"①

孟德斯鸠坚决摒弃专制制度，也不主张平民当政的民主制，但是对君主制和共和制，他却采用一种多元的态度。他认为，不同的制度适用不同的国家，没有绝对的好坏，关键在于它们能否保持权力的合理分配，以保障公民的自由。总的来说，他偏爱共和制，不过他认为共和制只有在"古人的英雄美德"占优势的地方才能存在，不可能要求现代人也具有这种美德；"在一个自由的国家里，每个人都被认为具有自由的精神，都应该由自己来统治自己，所以立法权应该由人民集体享有。然而这在大国是不可能的，在小国也有许多不便，因此人民必须通过他们的代表来做一切他们自己所不能做的事情。"② 因此，孟德斯鸠用现实的眼光考虑问题，认为英国的君主立宪制最能保障公民的自由，它区别于专制制度的标志是遵循固定的根本法进行管理，不容许任何人专横任性。

建立政治自由，在政制上是通过三权分立实现的，而对公民来说，关键却在于人们有安全，或是人们认为自己

① 孟德斯鸠：《论法的精神》，上卷第 183 页。
② 孟德斯鸠：《论法的精神》，上卷第 158 页。

享有安全。孟德斯鸠指出，有时可能会遇到两种情况，就是政制是自由的，而公民却毫无自由；或是，公民是自由的，而政制却毫无自由可言。这两种情况，一种是政制在法律上是自由的，而事实上不自由；另一种是公民在事实上是自由的，而在法律上不自由。在自由和政制的关系上，建立自由的仅仅是法律，甚至仅仅是基本的法律，但是在自由和公民的关系上，风俗、规矩和惯例，都能够产生自由，而且某些民事法规也可能有利于自由。

简单说，为了保障公民的自由，所有与公民有关的法律的基本点就在于保证公民的安全。刑法应该完善，"当公民的无辜得不到保证时，自由也就没有保证；"法律应保护公民的财产权不受侵犯；密探和匿名信应该被禁止。法律还应保障公民的言论自由和出版自由。孟德斯鸠指出，在一个自由的国家里，人们议论得好或不好，常常是无关紧要的，只要他们议论就够了，自由就表现在这里，自由保证人们不受这些议论的影响。"言语并不构成'罪体'。它们仅仅栖息在思想里。在大多数场合，它们本身并没有什么意思，而是通过说话的口气表达意思的。常常相同的一些话语，意思却不同，它们的意思是依据它们和其他事物的联系来确定的。有时候沉默不言比一切言语表示的意义还要多。没有比这一切更含混不清的了。那么，怎能把它当作大逆罪呢？无论什么地方制定这么一项法律，不但不再有自由可言，即连自由的影子也看不见了。"① 孟德斯鸠根据传教士的报告，指出中国的法律规定，任何人对皇帝不敬就要处死刑，可灭九族。有两个编辑邸报的人，因指出朝廷的邸报上所述情况失实，便被以大逆罪处死。有个

① 孟德斯鸠：《论法的精神》，上卷第198页。

亲王由于疏忽，在有朱批的上谕上面写了几个字，也被以大逆罪处死。在没有言论自由的国家就没有公民自由可言。

要保证公民自由，就必须实行宗教宽容，维护信仰自由。在《波斯人信札》中，作者指出，犹太教是古老的树干，它产生两股枝柯，荫蔽全世界，这两股枝柯就是伊斯兰教和基督教。这是一个母亲生的两个女儿，而女儿把母亲欺侮得遍体鳞伤。因为，在宗教方面，最接近的派别，彼此是最大的仇敌。"宗教战争之所以发生，并非由于宗教派别繁多，而是由于不宽容精神，这种精神鼓动着自以为居统治地位的那一种宗教……这种令人晕眩的精神之发展，只能看作人类理智的完全抹煞。"[①]

作为资产阶级思想家，孟德斯鸠还特别提出法律应保护贸易自由。他称赞英国总是为了商务的利益而牺牲政治的利益，因而"它是世界上最能够同时以宗教、贸易和自由这三种伟大的事业自负的民族。"[②] 同时，他还论述了赋税与自由的关系。国民享有的自由越多，便越可征较重的赋税，国民受到的奴役越重，便越不能不宽减赋税。大多数共和国可以增加赋税，因为国民相信赋税是缴纳给自己的；君主国可以增加赋税，因为它的政体宽和，能使国家富饶丰足；专制国家不能增税，因为奴役已经到了极点，无法再增加了。在政治宽和的国家，有一种东西可补偿人民所负担的重税，那就是自由；在专制的国家，也应有一种和自由等价的东西，那就是轻微的征税。自由政体的好处就是它不会滥用自由，无限地征税。

孟德斯鸠的自由学说同样是依据自然法理论的。他同

---

① 孟德斯鸠：《波斯人信札》，人民文学出版社 1958 年版，第 85 封信。
② 孟德斯鸠：《论法的精神》，下卷第 19 页。

意自然法理论家的意见，认为支配社会的"自然法"是从人的本质结构派生出来的，人的本质并不是指社会的人，而是指假定在社会建立以前存在的史前的抽象的人。因此，为了发现社会规律，应当研究"自然状态"而不是历史事实。尽管如此，孟德斯鸠没有采用这种方法，他的著作中谈到自然状态的地方不多。但是他与洛克等人一样。承认自由是人的天赋权利，认为个人自由是公共自由的一部分，是主权的一部分，决不能出卖。他说："每个公民的自由，是公共自由的一部分。在平民政治的国家，这个特质，甚至是主权的一部分。出卖这个公民的特质，是如此不可想象的一种行为……如果自由对于买主来说是可以论价的话，它对于卖主来说，却是无价之宝。"①

令人感兴趣的是，孟德斯鸠把自由与地理环境似乎有点荒谬地联系在一起。在亚洲，强国与弱国，好战、勇敢、活泼的民族和巾帼气的、懒惰的、怯懦的民族是紧紧地相毗连的，所以一个民族势必为被征服者，另一个民族势必为征服者。欧洲的情形正相反，强国与强国面对着面，毗邻的民族都差不多一样地勇敢。这就是欧洲之所以有自由而亚洲之所以受奴役的重要原因。一个国家土地优良就自然使人产生依赖性，他们太专注于自己的私事，不太关心自由；肥沃的地方常常是平原，无法同强者对抗，只好向强者屈服，一经屈服，自由的精神便一去不复返了。因此，自由在崎岖难行的多山国家，比在那些得天独厚的国家，更占有重要的地位。

岛屿通常很小，一部分人民难以压迫其他人民，海洋使他们和大的帝国隔绝，暴政不能伸展到那里，征服者被

---

① 孟德斯鸠：《论法的精种》，上卷第243页。

大海阻住，岛民很少受到征服战争的影响，因此，他们比大陆人民爱好自由。

　　总之，孟德斯鸠是资产阶级自由主义的拥护者，他主张宗教信仰自由、言论自由、出版自由，并制定了资产阶级法制的基本原理。《论法的精神》一书对英国政治制度的描写，直到大革命时期一直起着政治理想的作用。伏尔泰曾称这部著作是"理性和自由的法典"。

7

一个冬天的童话

卑鄙的灵魂是绝不会信任伟大的人物的；
下贱的奴隶们则带着讥讽的神情在嘲笑着自由
这个名词。①

——卢梭

伏尔泰、卢梭、狄德罗堪称为法国启蒙运动的三大家，
而严格说来，后两者都该算是伏尔泰的门徒。

卢梭早年是伏尔泰的积极崇拜者，他在《忏悔录》中
曾这样说过："我们把伏尔泰所写的文章都读了，一篇也没
有漏掉。我对他的作品所发生的兴趣，引起我要学会用优
雅的风格写文章的愿望，于是我竭力模仿这位作家文章的
绚丽色彩，他的作品的优美文笔已经使我入了迷。过了不
久，他的《哲学通信》出版了。虽然这并不是他最好的著
作，然而正是这些书信有力地吸引我去探求知识，这种新
产生的兴趣，从此就一直没有熄灭。"②

卢梭素描

他们两个人死于同年，在他们一生的大部分时间中，
尤其是50年代以后，私人关系是异常紧张的，政治观点相
差很大。1750年，卢梭把他获奖的第一篇论文《论科学和
艺术的复兴是否有助于敦风化俗》寄给伏尔泰时，伏尔泰
在回信中苛薄地写道："还不曾有人花费这么多的智慧来使
我变成畜类；读了您的大作以后，就会渴望四足爬行。但
是我脱离这种习惯已经六十多年了，遗憾得很，我感到我
已经不可能再恢复它了。"而卢梭在这本书中已经毫不客气
地指责伏尔泰了："总之，请你告诉我们，著名的阿鲁埃

---

① 卢梭：《社会契约论》，商务印书馆1980年版，第118－119页。
② 卢梭：《忏悔录》，人民文学出版社1980年版，第1部第265页。

啊，你为了我们虚伪的纤巧，牺牲了多少雄浑而豪壮的美啊！你力图取悦渺小的时代精神，花费了多少巨大的代价啊！"后来当卢梭把他的第二篇论文《论人类不平等的起源和基础》奉赠给伏尔泰时，得到的答复是："我收到了你的反人类的新书，谢谢。"

法国启蒙时代最具有代表性的思想家同卢梭之间有着不可逾越的巨大鸿沟。狄德罗把这一隔阂说成是"天堂与地狱的巨大分裂"，并且说，只要想到卢梭，"就像有个该死的家伙纠缠在我的身边"，工作都要受到干扰。卢梭也不相让，他说谁要是竟敢怀疑他的诚实品质，"就该送上绞架"。他们的争吵在整个欧洲发出回响，双方的积怨甚深，连起码的个人诚实也成了有争议的问题。现代的读者或研究者对他们的孰是孰非，已经不太感兴趣了，读过比尔写的《狄德罗传》的人和读过卢梭的《忏悔录》的人，恐怕不会怀疑他们的正直，不会相信他们是伪君子。

萨拜因在《政治学说史》中把这种隔阂部分地归因于卢梭的个性，认为他的性格、他的人生观、他衡量价值的尺度、他的本能反应等等，都同启蒙时代加以赞许的东西大相径庭。他的《忏悔录》清楚地呈现出他个性中那深深对立的方面，其中性变态和宗教变态心理起着重大的作用。卢梭说，"我的爱好和我的思想似乎一向波动于高尚和卑鄙之间"。他同女人的关系，包括真实的和假想的，都表现了强烈的色欲，既没有动物的那种满足，也缺乏情欲的升华，但却以奔放的幻想和内省的挚诚而发泄出来。对于他来说，加尔文教派积极奉行的那种道德戒律或理性规矩从来都不存在。但是他却总是受到清教徒良心的折磨，怀有道德上的罪过感，怀有被罚入地狱的恐惧。

卢梭个性中的这种高尚与卑鄙的冲突、理想与现实的冲突，使他失去了对自己工作的一切自我满足，失去了对自己作品价值的信心。新观念的启端就像来自天国的一线光明，解决了该社会制度的一切矛盾。卢梭的这个论点是闪耀着光芒的洞察力的。他在社会交往中，备感生活拮据、极其无聊和自我猜疑的痛苦。他长期过着半寄人篱下的生活，又时常过着流浪汉的生活，他在爱好和道德伦理上代表了中下层阶级的情绪。他基本上喜欢朴实无华的事物，对科学和艺术感到恐惧，不相信彬彬礼貌，把感觉置于理性之上。

因此，卢梭比多数人更倾向于把自己性格中的矛盾和失调归咎于社会，并为自己的痛苦寻求解痛剂。他采取了诉诸理性常用的一切办法，把自然状态与现实状态加以对比。但是他并没有像同时代人那样诉诸理性本身，而把这个对比变为对理性的攻击。启蒙运动认为文明发展的唯一希望是理智、知识的增长和科学的进步，而他却崇尚友好和仁爱的情感，崇尚善意和虔诚。他推崇的是家庭生活的温情，母性的欢乐和美，从农耕一类平凡技艺中得到的满足和对宗教的虔诚之情。对于他来说，科学是闲来无事好奇心的结果，哲学不过是耍聪明的无聊玩意儿，有教养生活的乐趣则是华而不实的装点门面的东西。

卢梭尚古主义的主人公并不是高尚的野蛮人，而是愤懑又茫然不知所措的资产阶级，社会对他轻视而又冷漠，他便同社会格格不入。他觉得自己心灵纯洁，功绩巨大，既怀有与同时代人共同的理想，又玩世不恭地对别人视为神圣的东西给予无情的嘲讽。

他把幻想当成现实，用虚幻的纱线精心地织起他理想的政治社会的画布。他曾把《论人类不平等的起源和基础》一文庄重地题献给日内瓦共和国，不切实际地对这个国家大加歌颂，却反而被日内瓦贵族议会认为是别有用心，并施予报复。他在"献给日内瓦共和国"这篇献辞中写下了许多令后人难以遗忘的名言。"我愿意自由地生活，自由地死去。也就是说，我要这样地服从法律：不论是我或任何人都不能摆脱法律的光荣的束缚。这是一种温和而有益的束缚，即使是最骄傲的人，也同样会驯服地受这种束缚，因为他不是为了受任何其他束缚而生的。"[①]

自由正如富有营养的固体食物或醇酒一样，对那些习惯于这种饮食的体质强壮的人固然大有补益；但是对于生理上不宜于这种饮食的身体虚弱的人，则极不相宜，终于会破坏他们的健康或使他们沉醉。人民一旦习惯于某种主人，就再也不能脱离他。倘若他们企图打破束缚，那就反而会更远地离开自由，因为他们常常会把与自由相对立的那种放荡不羁当作自由，结果他们的革命，差不多总是使他们落到只有加重他们的桎梏的那些煽惑家们的手里。卢梭的这个思想不可谓不深刻，倘若法国大革命时期人民注意到他们的导师早有这样的告诫，也许会少流许多血。

卢梭认为，法国不是一个习惯自由的国家，因此他说："我将寻找一个幸福而安宁的共和国作为我的祖国：这个国家一切陈腐古老的东西，在某种程度上，都已在悠久的岁月中逐渐消失，它所遭受过的种种侵害适足以发扬和巩固居民们的勇敢和对祖国的热爱。这个共和国的公民，由于久已习惯于富于理智的独立自主，他们不仅是自由的，而且不愧是自由的。"[②]

---

① 卢梭：《论人类不平等的起源和基础》，商务印书馆 1962 年版，第 51 页。
② 卢梭：《论人类不平等的起源和基础》，商务印书馆 1962 年版，第 53 页。

卢梭的自由思想也可以看成是以自然法学说为基础的，不过他对自然法的理解与霍布斯、洛克，以及更早的其他人的看法是不同的。他认为把自然法适用范围只限于唯一具有理性的动物，也就是说，自然法是以理性为基础的这种看法是肤浅的。至少有两个自然法的原则是先于理性而存在的，一个是我们热切地关心我们的幸福和我们自己的保存；另一个是我们在看到任何有感觉的生物、主要是我们的同类遭受灭亡或痛苦时，会感到一种天然的憎恶。前者是自爱，后者是怜悯，其他的一切法则都是以此为基础协调和配合而成的。由此可见，卢梭试图把自然法建立在感性的基础上。

人无疑是生而自由的，这种人所共有的自由乃是人性的产物。人性的首要法则是要维护自身的生存，最为关心的是对其自身应有的关心。但是这种天赋的自由仅仅属于单个动物，而人生来都处在社会之中，人类在社会中首先得到的不是天赋自由，而是法律规定的个人自由，这种自由是一种道义权利。因而自然法所归结为人类的个人权利，诸如自由、平等和财产权，其实都是公民的权利，不是出自自然，而是建立在约定之上的。

追求幸福是人类活动的唯一动力，但是，什么是幸福呢？以往人们常常认为人口的繁荣、文艺的繁荣就是幸福。卢梭对这种文明观嗤之以鼻，他指出，一个诗人年金有十万镑，这并不足以证明他所处的时代就是一切时代中最美好的时代。"愚人们称之为人道的，其实那已经是奴役的开始"。人们应该少注意那些表面的安逸和首领们的从容，而更多地应去注意整个民族的幸福。冰雹可以毁坏若干州县，但却极少造成饥馑。骚动和内战固然大大地吓坏了首领们，但并不会给人民造成真正的不幸。唯有人民的经常状态，才会产生他们真正的繁荣或真正的灾难；唯有当全体都在羁轭之下被压碎了的时候，这时全体才会毁灭；当首领们任意摧残人民、毁灭民族时，他们便宣告和平降临了。呸！"而真正能使种族繁盛的，与其说是和平倒不如说是自由"，幸福的时代，就是自由的时代。

追求幸福是人类活动的唯一动力，因此，随着生产力的发展和阶级的产生，人们之间必然出现流血战争和剧烈的纠纷，当自然状态中不利于人类生存的种种障碍，其阻力已超过了每个个人在那种状态中为了自存所能运用的力量时，人们便会寻找一种结合形式，使它能以全部共同的力量来保护和保障每个结合者的人身和财富，并且使每个人仍然像以往一样自由。于是人们便订立了社会契约，使个人的意志服从社会的总意志。这便是社会的产生。

人类由于社会契约而丧失的，乃是他的天然的自由，以及对于他所企图的和所能得到的一切东西的那种无限权利，而他所获得的，乃是社会的自由以及对于他所享有的一切东西的所有权。

人们之所以放弃自己的自然的自由，建立社会和国家，接受统治者，是为了防止受压迫，是为了保卫构成他们生存所必需的财产、自由和生命。人们拥戴一个国王，为的是他能够保证他们不做任何主人的奴隶。"因此，合法的或人民的政府，也就是为人民谋福利的政府的最重要的准则，就是事事遵循公共意志……考察一下促使那些曾经由于共同需要而团结在一个共同社会中的人们进一步利用文明社会来把他们自己更亲密地团结起来的动机，就可以发现，除了通过保护全社会来保障每一成员的财产、生命与自由以外，没有任何其他动机……人人都服从，却没有人发号施令；人人都服务，却没有骑在人头上的主人，而且由于在这种明显的服从关系中，谁都没有损失任何自由，而只损失可能有害于别人自由的东西，反而更加自由——这种情况又是怎样造成的呢？这些奇迹都是法律创造的。人们之所以有正义和自由应该完全归功于法律。"①

"人是生而自由的，但却无时不在枷锁之中。"卢梭的这句名言准确地概括了他对社会自由的看法。

一切立法体系的最终目的可归结为两大主要目标，即自由与平等。

法律是公共意志的体现，任何一个人擅自发号施令都决不能成为法律。"不但国内的任何人都不能自以为居于法律之上，而且国外的任何人也不能迫使这一国家承认他的权威。因为，不管一个国家的政体如何，如果在它管辖范围内有一个人可以不遵守法律，所有其他的人就必然会受这个人的任意支配。"②

对于公民来讲，他们的政治活动体现为：服从＋自由，或臣民＋主权者。法律是首领与人民之间结合的纽带，人民的总意志体现在法律的条款中，同时也就成为对于国家全体成员无不具有拘束力的根本法。

人们在缔结契约时，并没有出卖自己的自由。出卖自由就等于出卖自己的生命，而任何人都不是自己生命的主人。"一个人抛弃了自由，便贬低了自己的存在，抛弃了生命，便完全消灭了自己的存在。因为任何物质财富都不能抵偿这两种东西，所以无论以任何代价抛弃生命和自由，都是既违反自然同时也违反理性的。"③ 在这里，卢梭与自

---

① 卢梭：《论政治经济学》，商务印书馆 1962 年版，第 8 - 9 页。
② 卢梭：《论人类不平等的起源和基础》，第 51 - 52 页。
③ 卢梭：《论人类不平等的起源和基础》，第 135 页。

然法学派的观点是根本不同的。人们在缔结社会契约时，并不是像霍布斯和洛克所认为的那洋，为了获得生命和安全，以牺牲了部分自由为代价。相反，卢梭认为，人们放弃了自然的自由，仅仅是转让了部分权力，但是作为自由的根本体现的主权，却永远属于人民。

放弃自己的自由，就是放弃自己做人的资格，就是放弃人类的权利，甚至就是放弃自己的义务。对于一个放弃了一切的人，是无法加以任何补偿的。这样一种弃权是不合人性的；而且取消了自己意志的一切自由，也就是取消了自己行为的一切道德性。规定一方是绝对的权威，另一方是无限的服从，这本身就是一项无效的而且自相矛盾的约定。因此，就社会契约而论，在人类社会中，决不存在任何因强力而产生的权利，人们只服从合法的权力，而没有绝对服从的义务，所以，同样可以讲，任何人都没有奴役他人的权利。

但是人类社会的现实并不像卢梭设想的应该的样子。社会契约"给弱者以新的桎梏，给富者以新的力量；它们永远消灭了天赋的自由，使自由再也不能恢复；它们把保障私有财产和承认不平等的法律永远确定下来，把巧取豪夺变成不可取消的权利；从此以后，便为少数野心家的利益，驱使整个人类忍受劳苦、奴役和贫困。"[1] 因此，这个社会是不合理的社会，人民没有服从强暴的统治者的义务。

破坏契约的不可能是人民，人民是主权者。一旦国家的首领或官员破坏了根本法，他们便丧失了他们的合法地位，人民便可以不再服从，而且构成国家的基本要素不是官员而是法律，所以每个人就当然地恢复了他天赋的自由。

---

① 卢梭：《论人类不平等的起源和基础》，第129页。

社会秩序是为其他一切权利提供基础的一项神圣的权利，这项权利决不是出于自然，而是建立在约定之上的。"当人民被迫服从而服从时，他们做得对；但是，一旦人民可以打破自己身上的桎梏而打破它时，他们就做得更对。因为人民正是根据别人剥夺他们的自由时所根据的那种同样的权利，来恢复自己的自由的，所以人民就有理由重新获得自由；否则别人当初夺去他们的自由就是毫无理由的了。"①

卢梭的自由学说中存在着深刻的矛盾，他一方面强调个人在社会中其自由是不可出卖的，而另一方面他又反复申明，为了幸福，社会成员必须服从公意或总意志，"为了使社会公约不致于成为一纸空文，它就默契地包含着这样一种规定……即任何人拒不服从公意的，全体就要迫使他服从公意。这恰恰是说，人们要迫使他自由；因为这就是使每一个公民都有祖国从而保证他免于一切人身依附的条件，这就是造成政治机器灵活运转的条件，并且也唯有它才是使社会规约成其为合法的条件；没有这一条件，社会规约便会是荒谬的、暴政的，并且会遭到最严重的滥用。"②这也就是说，胁迫其实并非胁迫，因为当某人个人所要求的东西不同于社会秩序给予他的东西的时候，那只不过是他自己并不真正了解他本人的利益。公意永远是正确的，强行使人自由只是使人盲目服从群众或盲目服从最强大的势力的一种委婉说法。正是在这点上，卢梭成为罗伯斯比尔、巴贝夫和葛德文等人的崇拜对象。

卢梭反对理性，推崇感性和情感，认为善良意志比科

---

① 卢梭：《社会契约论》，第 8 页。
② 卢梭：《社会契约论》，第 29 页。

学探索具有更优越的价值，因此，他一方面背离了理性主义的天赋自由的理论，背离了个人自由的理论；另一方面他又否认合理的自利属于高尚的道德动机。因此，他的自由学说与传统的自由主义，即天赋权利说的自由主义和功利主义的自由主义，是背道而驰的。他的这些思想对康德和黑格尔的影响很大。

8 ____ 咖啡馆与哲学家

自由是天赐的东西，每一个同类的个体，
只要享有理性，就有享受自由的权利。

——狄德罗

巴黎的咖啡馆在世界上是久负盛名的，早在 18 世纪就已有数百家之多。咖啡馆不仅是闲雅之士消遣的地方，而且它们像沙龙和俱乐部一样，与那个动乱时代的许多政治事件联系着，随着浓郁香馥的咖啡气味四处飘溢，启蒙时代的新思想新观念也渗透到已经病入膏肓的法国社会的肌体中。

当时巴黎咖啡馆中，属喜剧院大街的普罗可普咖啡馆、旧王宫广场的摄政咖啡馆、王妃大街的洛朗咖啡馆、学院码头街的帕纳斯咖啡馆和格拉多咖啡馆最为著名。许多名人豪士时常在这些咖啡馆相会，结识新朋友，传递最新消息，或是慷慨激昂、高谈阔论。在那里不难找到莫伯都依、伏尔泰、马尔蒙代尔、让－巴蒂斯特·卢梭（不是让－雅克·卢梭）、达兰贝尔、霍尔巴赫等人。后来成为百科全书派首领的德尼·狄德罗，在年轻时，光顾咖啡馆的劲头并不亚于学习、大吃大喝和谈情说爱。

狄德罗当时正处于与书商巴布蒂的女儿的热恋中，离开咖啡馆后，常常去码头街那片书店看望他的情人。一天，他在书店里偶然拿起伏尔泰的《哲学通信》，他以惯有的、并不自觉的敏捷动作翻开书，目光投向书上。有一本最出色的《狄德罗传》是这样记述当时的情景的：

那一天，对他来说巴布蒂小姐的双眸在他的眼睛里消失了。1 小时过去了，两小时过去了，狄德罗还站在那里像钉在地上一样，觉察不到时间在流逝。女郎对他这种无动

狄德罗坐像

95

于衷的态度有些不高兴，不得不提醒他，吃午饭的时间到了。此时，他用迷惘的眼光看看她，把书放在柜台上，走了出去。他沿着塞纳河大步向前走去，不断撞着行人，碰翻鸡笼，根本听不见妇女的咒骂。他的眼睛完全被那本书所引起的激情蒙蔽而什么也看不见。当他快走到于尔博瓦街人们称之为山谷的那段码头时，他倚在栏杆上，好像在欣赏船舶的移动。但他看到的并不是塞纳河，而是泰晤士河及其巨大的船舶，那海上的天空，水手们的小酒店，那是个刚毅的、有条理的、强大的、自由的民族！啊，是的，是自由的民族！它还是个贸易发达的、豪放的、从事远方事业、理智的、摆脱狂热和愚昧迷信的民族。而可怜的法国人民，可耻地被其贵族残暴压迫，受其教士愚弄，仍然在种种迷信中挣扎着。可钦佩的英格兰，伏尔泰幸运地被接纳到那个国度。何时能轮到他聆听您的思想家们真实、光明、人道的哲学教诲呢？[①]

远古咖啡馆

狄德罗有幸到过俄罗斯，却一直没有机会登上英吉利海峡彼岸，但是伏尔泰《哲学通信》给他的启迪却是他一生受用不尽的。他与伏尔泰有无数次邂逅的机会，却也奇怪，他们居然没有会过面，只是到 1778 年，伏尔泰临死之前，凯旋回到巴黎时，这两位伟大的启蒙思想家才有幸一晤。不过，狄德罗主持的百科全书的事业给过伏尔泰很大的鼓舞和希望。伏尔泰不属于百科全书派，但对这项事业却给予过热情的支持，他不仅积极为《百科全书》撰写条目，出谋划策，调解内部矛盾，使《百科全书》在敌人的迫害和重重的围困下得以坚持下去，取得名垂千古的功绩；而且，他还凭借自己的声望，站在最前列，毫不留情地驳

---

① 安德烈·比利：《狄德罗传》，商务印书馆 1984 年版，第 40－41 页。

斥反动分子对这项事业的攻击，因而他遭到贝蒂埃、佛勒龙、蓬皮尼昂等反动文人的痛恨。他利用自己与上层人物的关系，疏通关节，瓦解了多次对《百科全书》的围攻。正因此，他被同志们称为"《百科全书》的全权大使"。

百科全书派是一个松散的团体，先后参加过它的人很多，比较著名的有：狄德罗、达兰贝尔、让－雅克·卢梭、爱尔维修、霍尔巴赫、格里姆、马尔蒙代尔、杜克洛、魁奈、杜尔哥、孔多塞等人，其中最重要的是狄德罗、爱尔维修和霍尔巴赫，通常所说的"百科全书派"指的就是这三个人。

他们在政治理论上，像在哲学思想上一样，虽然总的结论是一致的，但是具体的论证方法和立脚点还是有所不同的。

爱尔维修素描

狄德罗是主张天赋权利说的，但是他又与卢梭一样，把个人的自由置于总意志之下。他赞扬自然状态，认为那是"黄金时代"，但是他反对归真返朴的幻想，他说，要脱光衣服或者穿上兽皮是太困难了，文明社会的产生是人类进步的表现。

社会契约与其说是参加政治社会的个人之间的协议，不如说是人民同受到人民委与权力的某个个人或某些人之间的协议。自由、平等是自然状态的突出标志。既然如此，权力就不可能来自自然。但在自然状态下自由和平等是没有什么保障的，同时还经常冒着可能遭受暴力的危险。

契约是自然状态论的合乎逻辑的补充。订立契约时，不会发生个人完全归属国家的事，但是每一个人仍然不得不为别人放弃自己的一部分天然独立性。自由是人类不可割让的自然权利，是不能放弃的，但是人不仅仅是一般的动物，而且是有理性的动物，人有正义感，承认大家同享幸福，因而，个人意志要服从公共意志。"要靠公共意志来确定一切义务的界限。凡是在你认为全人类毫无争议的事物上，你都有最神圣的自然权利。公共意志将教诲你明了你的思想和愿望的性质。你所怀想和思考的一切只要符合一般和公共的利益，就是良好、伟大、崇高而超凡的。"①

"没有一个人从自然得到了支配别人的权利。自由是天赐的东西，每一个同类的个体，只要享有理性，就有享受自由的权利。"自然的自由是人的一种自然权利，这种权利是自然给予一切人的，是在遵循自然法则和不滥用这种权利侵犯他人的条件下，人们以自己认为对他们的幸福最合宜的方式，来处理他们个人和幸福的权利；自然法则是这种自由的法规和尺度。

人们在加入社会时同意丧失某一部分自由，立法者的目的是要尽可能少剥夺人们的自由，而尽可能多给他们保障和幸福。公民是自由联合中的一员，他分享自由联合的权利和享受它的好处。然而与此同时还存在着一些不可剥夺的公民权利，即逻辑地先于契约而存在的权利，公民在服从国家时仍保有这些无论何时都不会放弃的权利，任何权力都必须尊重这些权利。总之，社会应当尽可能少限制个人的自由，尽可能多限制统治者的自由。

爱尔维修和霍尔巴赫反对美化自然状态的种种理论。爱尔维修所描写的野蛮人是粗野、愚昧而又残忍的，而霍尔巴赫完全摒弃自然状态是人类生活的原始时期、社会产生以前的时期的思想，在他眼里，这样的时期无非是哲学家想象的产物。他指责卢梭等人把这个从未存在过的自然状态，描绘成"黄金时代"，而认为，这种"黄金时代"实

---

① 《狄德罗全集》，巴黎 1875 年法文版，第 299－300 页。

际是贫困、愚昧、无理性的状态。社会性的感情是人的自然感情，人自然渴望使自己的幸福和自己的安全得到保障。为了达到这个目的，他需要社会，也喜欢那个帮助他达到目的的社会。社会是自然的产物，因为它的必要性是从人的自然本性产生的。关于个人完全孤立存在的虚构的自然状态，是违反自然的。社会生活既符合人的自然爱好，也符合人的利益。

爱尔维修和霍尔巴赫都用功利主义修正天赋自由论，修正自然法学说。爱尔维修认为，社会的主要目的就是"最大多数人的最大幸福"，构成人的一切动机的自然力量是追求快乐和逃避痛苦。人的唯一合理的行为准则应当是最大多数人的最大利益，而不是某一特定阶级或集团的特定利益，一个人的幸福应被视为同另一个人的幸福具有同等价值。因此，人们建立社会的目的不是合乎理性的自然法的要求，而是人们的自身利益的要求。

既然社会的幸福就是使社会中每个个人幸福，社会目的是使最大多数的公民享有最大幸福，那么，立法的任务，首先就是保障公民的财产、生命和自由。爱尔维修提出资产阶级的基本要求：人身自由、思想和信仰自由、言论和出版自由。

爱尔维修步伏尔泰和孟德斯鸠的后尘，赞扬英国的政治制度。他指出，欧洲得以享受微不足道的自由的残余，应归功于英国人已享有的那种自由。英国人靠四五项公正的法律而获得他们的幸福和对自由的信心，其中最主要的有：下议院有权决定税收；人身不受侵犯；出版自由等等。

自由地思想和把自己的思想自由地传达给别人，是社会幸福的基本条件之一，为了人民幸福，自由地运用发现真理的手段是必要的。思想自由要求出版自由作为附带条件，为了检验某些观点的正确性，要使人们有表达这些观点的可能性。真理应当在矛盾的试金石上得到考验，根本用不着害怕坏书。因此，保障出版自由和言论自由也是国家应当担负的责任。无论物理科学还是政治科学，它们的完善有赖于出版自由。谁禁止这种自由，谁就会窒息自由所促成的明快观念的萌芽，也就是在反对自己的国家。我们只能说，自由的人民、有思想的人民，永远统治没思想的人民！

一个国家如果治理得很糟糕，民不聊生，怨声载道，这时出现了一部著作，它给人民指出了他们苦难的全部状况，说明其根源，人民于是激怒了，便揭竿而起，反对专制暴君。那么这部著作是不是起义的原因呢？不是，造成起义的原因是时代，是公众的苦难。如果这部著作被政府及早发觉，被取缔、查禁、销毁，可能会缓和人民的情绪，及时地预防人民的叛乱。只有在完全专制的国家里，骚乱才会与真理的揭示同时而至。因为在这样的国家中，人们敢于说出真理的时候，乃是苦难达到顶点，忍无可忍，人民到了再也无法忍气吞声的地步。因此，人民的反叛，不能归咎于任何书籍，开明的政府应该给人以言论、出版自由。

一般说来，人们在一种自由的统治下，是坦率的、忠诚的、勤奋的、人道的；而在一种专制的统治之下，则是卑鄙的、欺诈的、恶劣的，没有天才也没有勇气的。他们性格上的这种差异，乃是这两种统治之下所受教育不同的结果。

霍尔巴赫也用功利原则说明政治问题和社会问题。他断言，和所有的生物一样，人力求保持自己既得的生命，都向往安乐，规避痛苦，这种情感无所谓善恶；追求幸福、自我保全都是自然的，因此人根据自己的利益来行动，既无需颂扬，也无可非议。

人并非生来就坏，而是由坏的政府造成的，一个坏政府的本质就是不把普遍幸福作为其施政的目标，解决的办法是让总意志得到自由发挥，即自利与天然正义的合谐。社会只有给人们以寻求自身幸福的自由才能成为好社会，自由是不可剥夺的权利，没有自由就不可能有社会繁荣。

霍尔巴赫虽然承认人的本性的社会性，但却始终以个人利益和要求为其社会理论的出发点。对自由的爱是人的最强烈的欲望之一。它是建立在个人为了获得幸福生活而渴望毫无阻碍地运用自己的才能的基础上的。做自由的人，就意味着自己企求幸福的意愿不受阻碍。但是对一个人来说，无限自由是不可能的。他的行动应当有一些限度。和其他的欲望一样，对自由的爱要求理智的控制。做自由的人并不意味着可以毫无阻碍地做一切想做的事，而应做一切可以促使个人永远幸福的事。作为集体的一员的个人，对集体有一定的从属性，因此要放弃自己的一部分自由。但是这样做的条件是，他要觉得参加集体所得到的福利，要比他以前完全享有自己的自由时得到的福利多。社会在保护他的合理自由的同时，对他为社会作出的牺牲给予补偿，这样的社会才是完美的社会。①

保障人的自然权利不受侵犯，是合理的社会制度的最重要的原则。合理的政府应当非常谨慎地对待人的思想和思想的表现，应该尊重公民的思想自由、信仰自由、言论自由和出版自由。公民应当有想怎样思考就怎样思考的自

---

① 参见霍尔巴赫：《自然政治》(La politique naturele)，夏尔特尔 1773 年法文版，第 1 卷第 8 - 9 页。

由。各种宗教派系之间的争论，只要政府不加干预，就不会引起社会的混乱。思想、言论和写作的自由，是一个好政府的支柱，借口公民会滥用言论和出版自由而剥夺他们的这种自由，就像借口他们会引起火灾而禁止他们拥有蜡烛一样不可思议。

必须保障经济自由。霍尔巴赫站在资产阶级立场上，指责封建社会对商业和工业发展的扼制。他指出，限制公民自由和禁止他们彼此做买卖的做法是轻率的和犯罪的。贸易是自由的产儿。政府不必为商人做什么事，只要给他们行动自由就行了。工业的发展，仅仅有发财愿望的刺激是不够的，而且更需要自由。要使这样的自由得到保障，仅仅使工商业摆脱力不胜任的纳税负担或使企业不受侵犯是不够的，还需要使公民的头脑能够按照他认为对自己的幸福真正有益的思路自由地思考。没有自由就不会有人口的增加，也不会有农业、商业和信用。真正希望为社会幸福效力的政府，应当保障公民的劳动自由，因此，限制个人主动性、阻碍工业发展的封建行会制度应该废除。

爱尔维修和霍尔巴赫用功利主义对天赋自由学说的修正，开创了自由主义一个新派别，他们抓住了天赋论本身固有的矛盾，即，所谓的天赋自由、天赋权利，如果仅仅根据自然法学派的理论，不过是理性凭空设置的假设，就像数学或几何学论证所设置的公理一样，没有实证的基础，倘若有人不怕麻烦去论证的话，必然会陷入循环。功利这个伦理的范畴，引入政治领域，可以为这一科学带来实证因素。尽管爱尔维修和霍尔巴赫并没有完全摆脱天赋论的窠臼，但他们学说的影响是深远的，边沁、休谟、魁奈，乃至后来的马克思、密尔等，都从他们那里获得了很多教益。

9 ——春之歌

> 阳光将只照耀自由人世界的时刻必将来临，
> 人们除理性之外不承认任何主宰，那时，暴君
> 与奴隶，教士与其愚昧或伪善之工具均将不复
> 存在，除非是在历史的过去或舞台之上。
> 活到破晓之日无比幸福，
> 常葆青春才是极乐世界。①

——孔多塞

康德最早提出这样的问题：什么是启蒙运动？

无论是伏尔泰、孟德斯鸠、卢梭，还是狄德罗、霍尔巴赫、爱尔维修都不曾阐释过这个问题。

启蒙运动是任何一个摆脱封建生活方式的国家在其文化发展中所必经的一个阶段。启蒙运动的主旨在于使所有人都受教育和获得知识，使自由发展个性的理想成为普遍原则。启蒙运动的中心问题之一是建立最美好的社会制度，它用平等观念激动着人们的心灵，要求人人在上帝面前平等，在法律面前、在他人面前也一律平等，启蒙运动的思想家把平等看作为人道主义原则的保障。

启蒙运动以传播知识为斗争的武器，使知识化为力量，使知识成为人们的共同财富，把打开人类生存奥秘的钥匙交到人们手中。

启蒙运动对社会发展的前途满怀乐观主义热情，它第一次意识到自己是一个新时代，对社会发展和社会进步、对自己理想的实现充满信心。它不再把历史的发展归因于

---

① 孔多塞：《人类理性进步的历史概观》（Esquisse d'un tableau historique des progrès des l'esprit humain），1794 年法文版，第 210 页。

天命，而相信依靠知识的力量，依靠人的觉悟，理性一定会取得胜利。

启蒙思想家同迷信、宗教狂热、宗教偏见，以及对人民的欺骗和愚弄进行了不调和的斗争，他们推崇和宣扬理性，认为自己的职责是擦亮人们的眼睛，使人们看清自己的本性和使命，推动人们走上通向真理的道路。

黑格尔讲过："法国哲学著作在启蒙思想中占重要地位，这些著作中值得佩服的是那种反对现状、反对信仰、反对数千年来的一切权威势力的惊人魄力。值得注意的是这样一个特点，即反对一切有势力的东西、与自我意识格格不入的东西、不愿与自我意识共存的东西、自我意识在其中找不到自己的东西的那种深恶痛绝的感情；——这是一种对于理性真理的确信，这种理性真理与全部遥远的灵明世界较量，并且确信可以把它摧毁掉。"①

黑格尔借助客观唯心主义哲学术语，精辟地概括了以伏尔泰为代表的法国启蒙思想运动的伟大精神。恩格斯在《社会主义从空想到科学的发展》中也曾做过类似的概括："在法国为行将到来的革命启发过人们头脑的那些伟大人物，本身都是非常革命的。他们不承认任何外界的权威，不管这种权威是什么样的。宗教、自然观、社会、国家制度，一切都受到了最无情的批判；一切都必须在理性的法庭面前为自己的存在作辩护或者放弃存在的权利。思维着的悟性成了衡量一切的唯一尺度……以往的一切社会形式和国家形式，一切传统观念，都被当作不合理的东西扔到垃圾堆里去了；到现在为止，世界所遵循的只是一些成见；

---

① 黑格尔：《哲学史讲演录》第 4 卷，商务印书馆 1978 年版，第 218 - 219 页。

过去的一切只值得怜悯和鄙视。只是现在阳光才照射出来，理性的王国才开始出现。从今以后，迷信、偏私、特权和压迫，必将为永恒的真理，为永恒的正义，为基于自然的平等和不可剥夺的人权所排挤。"①

　　1878 年 5 月 30 日，法国大文豪维克多·雨果在悼念伏尔泰逝世 100 周年的演说中是这样阐述启蒙思想家与法国大革命的关系的："在硕果累累的 18 世纪，卢梭代表人民，伏尔泰代表人。那些强有力的作家消失了，但是他们留下的是灵魂和革命。法国革命是他们的灵魂。它是他们的辉煌呈现。它来自他们，在构成过去的终结和未来的开端的那个神圣和壮丽事件中，我们到处可以找到他们……我们在丹东背后看到狄德罗，在罗伯斯比尔背后看到卢梭，在米拉波背后看到伏尔泰……新的纪元从伏尔泰开始。我感到，从此以后，最高的政治权利将被思考。文明过去服从强权，它将服从理想。权杖和宝剑已被折断，代之以思想的光芒；即是说，权威向自由让步。从此以后，人民只有法律、个人只有良心作为最高统治。对我们每个人来说，进步的这两个方面是泾渭分明的，它们是这样的：运用权利，即是说成为一个人；履行责任，即是说成为一个公民，这些就是伏尔泰的时代这个词的重要意义；这些就是法国革命这个庄严事件的意义。"②

咖啡馆

　　俄国著名的资产阶级革命家克鲁泡特金，曾对法国大革命做过长期研究，他的结论混杂着时代的特点和他作为革命者的热情，他认为，法国大革命是由两大潮流准备起来并完成的。一个是观念的潮流，起于资产阶级，想改组

---

　　① 《马克思恩格斯选集》第 3 卷，第 404 - 405 页。
　　② 《维克多·雨果 1878 年 5 月 30 日在巴黎纪念伏尔泰逝世百周年会上的演说》，威廉·弗来明编：《伏尔泰著作集》英文版，第 1 卷上册第 54 - 56 页。

国家的政治，一个是行为的潮流，起于人民，想对他们的经济状况即刻实现确定的改良。当这两大潮流结合在一起时，那结果便是革命。革命就是人民在各方面崭新的观念的产生，这些观念不仅成为现实，而且会散布到相邻的各国，震动全球，并以其口号、问题、科学，以及经济的、政治的和道德的发展线索遗于后世。要达到这样的结果，单是观念的运动表现在知识阶层中，不论其如何深刻，仍是不够的；单是在人民里面发生的变乱，不论其次数如何多、范围如何大，也是不够的。发自人民的革命行为一定要与发自知识阶层的革命思想一致才行。

法国大革命时期，第三等级的杰出代表深受启蒙哲学的影响，从中汲取了崇高的源泉，"那时以后所有的伟大观念，都是由这个哲学而来的。这个哲学特有的科学精神，它的深沉的道德性，它的相信自由人的敏慧、力量和伟大；它对君主独裁制度的深恶痛绝，这些见解都为当时的革命者所接受。"① 启蒙思想家是革命的先驱，他们已经着手推翻旧时代的社会基础。他们宣称理性神圣，讴歌要信赖人性；要废除破坏人性的旧制度，重新获得自由，恢复人的本性，"因之，他们使人类又有了新的眼界"。

正如这些伟大的思想家指出的那样，18 世纪启蒙运动对法国大革命有着直接的影响。

百科全书派从总体上讲是拥护君主立宪的，在这一点上，与雅各宾派革命党人的主张相抵触，曾受到罗伯斯比尔等人的批评。但是也应该看到雅各宾主义不等于法国革命，百科全书派对法国革命的影响，主要在两个方面，一方面是，大革命时期还活着的百科全书派哲学家，直接参

① 克鲁泡特金：《法国大革命史》，上海北新书局 1930 年版，上卷第 11 页。

与了革命活动，构成吉伦特派的主体。现在已经查明的
《百科全书》的 205 名合作者中，有 50 多人活得相当长，
参加了三级会议和攻占巴士底狱，有近 40 人活到恐怖时
期，其中有好几个人还看到了第一帝国，最著名的是德马
雷、莫尔莱和纳戎。在革命初期，他们经常聚集在孔多塞
的沙龙，力图左右时局，1793 年孔多塞自杀后，他的夫人
继续主持沙龙。另外，爱尔维修夫人的沙龙也是幸存的百
科全书派哲学家集中的地方。

　　另一方面，百科全书派的革命思想，对整个法国革命
有着间接的影响。霍尔巴赫认为，暴力是反对暴政的唯一
手段，人民拥有起义反对暴君的不可剥夺的权利。专制制
度迫使奴隶们从残酷的办法中，从革命中寻找出路，革命
在这里是一种必然。政治界的革命具有像自然界的大雷雨
一样的作用，它使空气清新，驱散乌云。自由常常是由于
革命的结果而取得的。一个国家的内部斗争常常是有益的，
专制国家的宁静是死尸的宁静。霍尔巴赫预言道，那些梦
想用贫穷和愚昧来使人民俯首听命的暴君，是大错特错了，
贫穷和愚昧只会促使而不会阻止人民愤怒的爆发。"要当
心，别使这些被镣铐激怒的人们终于达到怒不可遏的地步。
被压迫的人民在盛怒时要比他们在不善于权衡轻重时更危
险得多。一旦失去耐性以后，他们就会盲目地、不加思索
地投身于摧毁被他们认为是造成他们不幸的原因的一切事
物。"① 当然，霍尔巴赫从总体来讲，是不希望出现暴力行
为的，而想通过开明君主，实现君主立宪制，但是，他毕
竟论证了革命的合理性，并预见到革命之不可避免的
来临。

---

① 　霍尔巴赫：《自然政治》法文版，第 1 卷第 228－229 页。

爱尔维修和霍尔巴赫一样，为暴力革命辩护，他说，用暴力取得和用暴力维护的权力，可以有充分理由用暴力来推翻它。不管人民的敌人叫什么，人民永远有权同他进行斗争，消灭他，推翻他的专制统治。奴隶的沉默是太平，但却是坟墓的太平。不能摆脱专制制度是人民的最大不幸，人民为了摆脱专制制度所作的努力是必要的和有用的。革命引起的动乱，在某些情况下就像药物一样，虽然引起病人的强烈痛楚，但在同时却治好了他的病。

卢梭对法国大革命的影响是十分显著的，这方面的研究成果已经比较多了。卢梭并没有公开号召立即进行革命变革，但是攻陷巴士底狱、要求判处国王死刑的劳动者们，完全有理由把卢梭当作他们的导师，因为他们在卢梭的著作中找到了推翻旧的腐朽封建制度、确立新的社会生活原则的理论根据。在革命前，卢梭的影响也是比较大的，有人在一封信中对卢梭讲：“您的书是自由的武器库。少数人感到恼怒并撕毁了它，而多数人却兴高采烈……您的书必然使现在和将来的一切暴君胆战心惊；它在所有的人心中唤起了对自由的热爱。”在革命的准备阶段和革命爆发后，卢梭的思想与革命的进程密切地联系在一起，他的著作风行一时，他的追随者超越了党派分歧，不论是吉伦特党的罗兰夫人，还是雅各宾党人罗伯斯比尔，还有马拉等人，都自诩为卢梭的忠实信徒。

伏尔泰对启蒙理想的实现充满信心，他在评论爱尔维《论精神》一书英文版出版时曾预言：“启蒙运动将在法国传播，也将在英格兰、普鲁士、荷兰，甚至意大利传播；是的，在意大利，人们将会惊愕地看到，大批哲人将默然地在迷信的大地上醒来。"① 他对一场伟大的革命的到来深信不疑。当《百科全书》被法国当局查禁，百科全书派内部不和，达兰贝尔准备与狄德罗分手，辞退主编职务时，伏尔泰分别给这两位主编写信，劝他们坚持下去，其中最有力的理由是："我们正在接近人的思想的一场伟大革命"，"难道在我们这样的时代，理性的敌人、迫害哲学家的人能够趾高气扬吗？人类正处于一个大转变的前夜，这个转变首先应该归功于您。"

JEAN HUBER. Das Souper der Philosophen

哲学家的晚餐，版画

伏尔泰是开明君主制的拥护者，他认为唯有这样才能实现资产阶级的要求，但是他的最高政治理想仍然是资产阶级共和制。现实是无情的，他晚年越加强烈地感到，改良的道路前途渺茫，一场革命看来是在所难免的。他祈祷道："如果我再来到这个世界，我想被赋予共和主义者的身躯。"1764 年，也就是早在法国大革命爆发前 25 年，伏尔泰就曾预言道："我所看见的一切，都在传播着革命的种子。革命的发生将不可避免，不过，我怕是没有福气看到它了。""法兰西凡事都落后，现在总算赶上来了。这光明已散布在远近各处，时机一到，革命立刻就要爆发。那时候，该多么热闹呀！年轻人真幸福，他们将会看到不少大事。"② 为了这一天的到来，伏尔泰从未放弃过自己的战斗，他在去世的前一年仍坚定地说："我们必须同自然和命运战斗到最后的时刻，在到极乐世界之前，我们决不要对任何事物丧失信心。"③ 伏尔泰死后，他的心脏装在一只盒子里，

---

① 转引自艾·欧·奥尔德里奇：《伏尔泰与启蒙时代》，第 289 页。

② 《伏尔泰 1764 年 4 月 2 日致德·寿维兰的信》，转引自阿尔塔蒙诺夫：《伏尔泰评传》，作家出版社 1958 年版，第 10 页。

③ 《伏尔泰 1777 年 8 月 31 日致达让塔尔的信》，路易·莫兰编：《伏尔泰全集》法文版，第 50 卷第 263 页。

存放在巴黎国家图书馆。在盒子上刻着伏尔泰生前一句最能体现他的性格的话："这里是我的心脏，但到处是我的精神。"① 几百年历史剧变，难道不是这样吗？

① 路易·莫兰编：《伏尔泰全集》法文版，第1卷第487页。

10

朝霞

但愿这个为自由而高高竖起的伟大纪念碑成为压迫者的教训和被压迫者的典范！[①]

——拉法耶特

1789 年 7 月 14 日，巴黎的革命者攻陷了象征着法国封建专制统治的巴士底狱，表明一个伟大革命真正开始。

法国革命，如同英国革命开创了新政体的纪元那样，在欧洲开创了新社会的纪元。法国革命不但改换了政权，而且也改变了整个国家的内部生活。

革命时代，版画

法国革命，把人类几千年以来的自由、平等、正义的理想再次付诸实践，特别是把近一个世纪以来，资产阶级启蒙思想家不懈追求的理想变为现实。

德国一位哲学家激动地写道："这是一个光辉灿烂的黎明。一切有思想的存在，都分享到了这个新纪元的欢欣。一种性质崇高的情绪激动着当时的人心；一种精神的热诚震撼着整个世界，仿佛'神圣的东西'和'世界'的调和现在首次完成了。"[②]

法国 19 世纪著名历史学家基佐，在他的《1640 年英国革命史》序言中，对英国革命与法国革命做了比较，其中不乏深刻的见解。他指出，对这两次革命有截然不同的看法，对朋友来说，革命是光荣的事件，它们第一次为人们发扬光大了真理、自由和正义，而在它发生以前一切都是荒谬、不平与暴政；人类只有依靠它才能获得尘世的拯救。对于敌人来说，革命却是最可叹的灾害，它中断了一个漫

---

① 转引自：《潘恩选集》，商务印书馆 1982 年版，第 187 页。
② 黑格尔：《历史哲学》，三联书店 1956 年版，第 493 页。

长的智慧、道德与幸福的黄金时代，在一阵疯狂中各国都已从他们习以为常的道路上冲出路外，而脚下则是一个敞开的深渊。因此，基佐认为，无论是颂扬或谴责，无论是祝福或诅咒，在考虑到革命问题时，各方都忘记了革命的客观环境，他们同样地将革命和过去绝对孤立起来，他们同样地要革命负担起世界命运的责任，而且不是对革命大加咒骂就是将一切光荣堆在它的头上。

人们冷静下来时，有必要清理所有这些虚妄的和幼稚的慷慨言词。基佐指出，革命不但远远没有中断欧洲事物的自然进程，而且可以说，不论在英国或法国革命中，人们所说所望所做的，都是在革命爆发前已经被人们说过，做过，或企求过一百次的。人们早就宣告过绝对权力为非法；而且关于法律和租税必须经人民的自由同意，以及关于武装自卫的权利，这些都是封建制度的基本原则；而且教会多次重申，依正义统治其人民的才是君主，凡不如此而反其道而行之的，他就不再是君主。人们反对特权，并企求在社会秩序中引进更多的平等，全欧洲的君主为限制贵族，加强自己的权势都这样做过。人们要求，公共职位应该向广大公民开门，应该仅仅依照本人的长处来进行分配，而且权力只许通过选举来赋予，这是教会内部治理机构的根本原则。总之，自由、平等、博爱、正义等原则并不是这两次革命首创的，在以往正常的世代中都可以找到它们的表现。

在 17 世纪的英国，在 18 世纪的法国，封建贵族、教会和皇权衰败了。贵族不再保护公共自由，甚至对自己本身的自由也不加关心；皇权不再热衷于取消贵族的特权，相反，却似乎对拥有特权者格外优待，以换取他们对君主的驯服。作为一种精神力量的僧侣，害怕起人类思想来了，而且由于不再有能力指导思想，就威胁着要求它停止起作用。但是文明仍旧走它自己的道路，日复一日更加普遍展开，行动更加活跃。人民发现自己已被古老的领袖们抛弃了，人民对这班领袖的冷漠态度以及他们所表现的心情大感惊奇，同时，人民因见到自身在权力和欲望日益增大时却行动较少，于是就开始想到，最好自己起来处理自己的事务，于是就挺身而出承担过去的领袖们不再履行的职责，同时向皇权要求自由，向贵族要求平等，向僧侣要求人类理智的权利。这么一来，革命爆发了。

基佐对英国革命和法国革命爆发的原因的分析，基本上是如实的、客观的，而不像一般的书籍那样，为了烘托革命，有意歪曲革命前这两个国家的社会状态和它们的历史传统。不过，他的分析的缺陷也是颇为明显的，他没有说明，使法、英两国贵族、教会、皇权衰落的，正是资本主义因素的产生；向它们要求自由、平等、理性的，想担任社会领袖的，正是日益兴起的资产阶级。

关于法国革命的起因，史学界公认的理由有：法国当时在欧洲是人口最多的国家，粮食等生活必需品不能充分供给，赋税沉重，民不聊生；旧势力有意将富有的和日益扩大的资产阶级排除在政治权力之外，这一点比其他任何国家都突出；农民深刻了解自己的境遇，越来越不愿支持落后的封建制度；主张进行政治和社会改革的哲学家著作在法国比其他各国流传得更广；法国参加美国独立战争，支持争取从英国殖民主义手中夺取自由的北美革命者，而这样做的结果却使国家财政彻底破产，直接导致法国革命的产生，旧王朝的覆灭。

法国革命与英国革命相比，还是有一定的差别的，基佐对此的分析比较有道理。英国革命，由于早于法国革命一个时代，因而保存了古代社会所留下的一些明白无误的印记：在那个古代社会中，起源于野蛮主义深渊之中的自由制度，居然能从它们所不能防止的专制主义中残存下来。封建贵族，至少一部分封建贵族，曾经将其事业和人民联结在一起；皇权，即使在其鼎盛时期，也从来不是权力的全部所在或不受阻挠的绝对权力；国家教会自身在开始进行宗教改革，并发动了大胆的思想上的探索。在法律、信仰、人民风习等各方面，革命的工作已经完成其半，在革命企图加以变革的事物中，同时出现了助力和障碍，也同时出现有用的盟友和仍然有力的敌人。这么一来，就出现非常奇特的一种各成分的混同体，表面上看来是矛盾之至，既是贵族的又是人民大众的，既是宗教的又是哲学的；此时诉诸法律，彼时又诉诸理论；此时宣布一种新的良心上的桎梏，彼时又宣告它的完全自由；此时严格将自己限制在切实可行的范围之内，彼时又飞跃到海阔天空的大胆企图中。总之，英国革命处于老和新的社会国家之间，与其说革命构成了分割两岸的深渊，不如说它形成了飞渡二者之间的桥梁。

记住这一点是非常重要的，正是英国革命的这些矛盾因素，决定了英国的自由主义者对法国革命的批评。

与英国革命相反，"法国革命则弥漫了最可怕的清一色，只有新精神独占统治地位；而旧制呢，不但远未能参加运动并在其中占有地位，反而只求保卫自己不受其害，而且只做到暂时的自保；它是同样地既无力量又无道德可言。在爆发的日子里，只有一件事实是真确的又是有力的，那就是，法国的普遍文明。就在这个伟大的唯一的结果中，旧制度、旧风习、旧信条、对过去的怀念以及整个的国家生活，都融化了，消失不见了。因此，世世代代的活跃和光辉的岁月只产生出一个**法兰西**。余下的就是革命的巨大结果，以及它的巨大谬误；它占有了绝对的权力。"①

在资产阶级的三次伟大革命中，法国革命是最彻底的，其影响也是最大的。英国革命发生在偏离欧洲文化中心的三个岛上；革命一直是在冲突和妥协中进行的；革命的结果是君主立宪制，资产阶级掌握大权，旧势力仍保留一部分权力。美国革命其性质是资产阶级的，但是在民族独立旗帜下进行的，它的结果虽然比较彻底，建立了共和制民主政府，然而，远离欧洲大陆的独立战争，正如马克思所说，仅仅是"为欧洲的中等阶级鸣起警钟"。法国则不同，自路易十四时代以来，它已取代意大利，在文化、宗教、艺术、政治方面（除了经济以外），成为欧洲的中心，法国旧王朝的覆灭，必然会在其他封建王国中引起恐慌，风声鹤唳、草木皆兵。法国革命者清楚明白地阐明了资产阶级的主张和要求，并不惜一切代价把它们付诸实践，奠定了后来资产阶级市民社会的基础。

法国革命与英国革命的这些差别，在资产阶级思想家的政治学说中就已有显著的表现。法国的君主独裁干得非常彻底，任何进行有效改革的尝试都不可能与恢复传统的政治制度联系起来。因此，法国人把洛克的思想引进法国时，不得不略去洛克的政治理性论最具特色的品格。他们无法引进理查德·胡克的思想，即观念和机构体制逐步过渡的思想，正是这种过渡思想使洛克能把他的哲学同圣·托马斯和中世纪的传统保持连续性。他们也无法把新的哲学同 16 世纪的任何法国思想家联系起来。所以，法国人所学到的东西，必然会失去英国革命的历史特色和相对保守

① 基佐：《1640 年英国革命史》，商务印书馆 1985 年版，第 9 页。

的性质，英国恐怕没有人会像法国人在大革命中那样宣称，保持自己的贞洁。

同英国的政治思想模式相比。法国政治思想比较先验、武断，因此比较激进。因为，虽然法国政治思想也是论述自由的学说，但它是在专制暴政的条件下的，主要由并无从政经历也不可能有从政经历的人写作出来的。在法国，除非委身于官吏的行列，谁也无从获得从政的经验，而官僚中则很少有人写出政治哲学著作。独裁政体使政府的工作神秘莫测，一切都在秘密地进行，因而一般人难以对政府的运行机制有深入的了解。

这种状况决定了18世纪法国政治哲学比起英国政治哲学来，是一种带有很大学究气而又并非讲求学术的哲学。法国的政治哲学著作是为上流社会的沙龙和受过教育的资产阶级撰写的。此外，法国的政治著作表现了阶级意识和对剥削的认识，而这些在英国的政治著作中只是偶尔出现。这种状况对法国革命有直接的影响，法国革命是一场社会革命，英国革命则不是。法国革命在短短的三、四年内完成了没收教会土地、王室土地、外流贵族土地的事业，相当于英国50余年所完成的工作。

如果说洛克的哲学在革命前的法国是对既得利益集团的进攻，那么，在英国宗教改革之后则是对既得利益集团的维护。正如约翰·莫利指出的那样，所有为18世纪英国思想确定潮流的英国人都是倒向保持现状的，有保守情调的，而属于同类思想的法国作家却表现为激进，成为受到实际迫害的对象。

总而言之，法国大革命的根本基础是资本主义生产方式的成熟和资产阶级力量的壮大，革命推翻了封建的经济结构，在这个意义上，它是一场经济革命；法国大革命处死了君王，建立了共和制，实现了资产阶级要求的最理想的政治体制，在这个意义上，它是一场政治革命；法国大革命把启蒙运动的理想和要求转化为现实，是那些理想和要求的充分普及、传播和具体化，在这个意义上，它是一场思想革命；法国大革命试图全面地改变人们的道德观念、价值观念和一切不合乎理性的旧的传统、习俗、人际关系、等级制度，在这个意义上，它是一场社会革命。

俄国诗人普希金在《自由颂》中说道：

啊帝王，如今你们要记取教训，

无论是奖赏，还是严惩，

无论是监狱，还是祭坛，

都不是你们牢固的栅栏。

在法律可靠的荫庇下，

你们首先要把自己的头低下，

只有人民的自由和安宁，

才是宝座的永恒的卫兵。

11

自由的哨兵

> 在任何一个自由的国家里，每一个公民都
> 是一个自由的哨兵。
>
> ——罗伯斯比尔

法国革命中，最杰出的领导者是罗伯斯比尔，这样说，并非因为他的铁腕统治，而是因为在他身上，散发着启蒙运动的真正精神。罗伯斯比尔留给后世的著作中，最使人难以忘怀的是他对自由的呼唤。据有人考证，是罗伯斯比尔最早提出"自由、平等、博爱"的，1790 年 10 月 5 日，他在立宪议会里发表关于国民自卫军组织的演说时，第一次提出"自由、平等、博爱"三位一体的口号，他建议国民自卫军胸前要标有"自由、平等、博爱"的字样，并把它们写在三色国旗上。

这位卢梭的忠实信徒是自由的狂热的崇拜者。1790 年 4 月 22 日，他在立宪议会欢迎科西嘉议员的大会上，慷慨激昂地发表了欢迎辞，他这样说："自由啊！我们也可以呼唤这个神圣的名字了！唉，过去有一段时间，我们竟要把自由压制到走投无路的绝境。但这不是我们的过错，这是专制制度的罪行。法国人民纠正了这个错误。自由的法兰西呼吁各国都来争取自由！对于被征服的科西嘉岛和受侮辱的人类来说，这是多好的赎罪啊！勇敢的公民们，在我们还不敢希望自由的时候，你们就捍卫了自由。过去，你们为自由蒙受苦难；今天，你们和自由一起胜利了。你们的胜利就是我们的胜利。让我们团结起来永远保住自由，让自由事业可耻的敌人一看到这个神圣的联盟就吓得面如土色吧！这个联盟会在自己的旗帜下，集合全欧洲所有热

JAMES GILLRAY, Der Zenit des französischen Ruhmes

革命的恐怖，版画

125

爱理性、人道和道德的朋友。"①

自由，是罗伯斯比尔追求的最高理想之一。他是共和主义者，是法兰西共和国的缔造者之一，但是他并未完全否定君主制，他认为君主政体如果得以继续保持下去，必须保障人民的自由，按人民的旨意行事，即最起码要做到：尊重人权宣言，保障新闻自由，允许人民自由行使请愿权，保护和平集会权，议会由道德高尚的国民代表组成。

罗伯斯比尔确信，革命是自由反对自由敌人的战争，宪政是胜利和和平的自由的制度。立宪政府主要是关怀公民自由，而革命政府则是关怀社会自由。这就是革命政府的原则。

自由应当是完整的、无限的，否则就等于没有，因此新闻自由不应受到任何约束和限制。他十分清楚地看到，在享受新闻自由的人中，也会有危险的作家，会有谎言和奴役的可耻的宣扬者，他们那一套有害的理论毒化了几个世纪的幸福源泉，企图在地球上永远保持各种错误的偏见和暴君们的残暴权力。不过，这些人写的东西没有什么了不起，顶多只能激起纯洁的灵魂对它的鄙视。

与人民为敌的乱党在人民中散布种种谤文，丝毫不会损害作为各国人民自由之基础的永恒原则。让这股污泥浊水流逝吧，不久以后，它就会无影无踪，唯独那浩瀚的永恒光源，仍继续不断地向政治界和思想界提供热、力量、幸福和生命。"自由敌人的恶行，对于自由说来算得什么呢！难道说被浮云遮蔽的太阳会因此而不再是活跃自然界的星辰吗？难道说被海洋抛在岸上的污秽的泡沫使得海洋

---

① 转引自热拉尔·瓦尔特：《罗伯斯比尔》，商务印书馆1983年版，第125页。

的壮观有所减色吗?"①

　　除了思维能力之外，向自己亲友表达自己思想的能力，是人有别于动物的最惊人的品质。这个能力同时又是人创造社会财富的不朽天职的标志，是社会的联系基础、灵魂和工具，是改善社会、使人的权势、知识和幸福达到可能达到的最高程度的唯一手段。当人借助语言、文字或者运用那种无限扩大他的知识界限和保证每一个人能与全体人类谈话的良好艺术，来表达自己思想的时候，他所行使的权利永远是同样的。出版自由和言论自由不可能有区别，两种自由像自然界一样，都是神圣的，像社会本身一样，都是必需的。

　　人民长久以来默默地忍受专制暴君的压迫，完全是由于他们处于极端愚昧和麻木状态。因此，罗伯斯比尔相信，保证出版自由和言论自由便可以改变这种状态。他高声疾呼，让每一个有自尊心的人都能够揭露暴政的背信阴谋和狡诈行为吧；让他能够不断地以人权来对抗破坏这种权利的侵害行为，以人民主权来对抗屈辱人民和使人民贫困的行为吧；让被压迫的无辜者能够自由地发出他的严厉的和使人感动的呼声吧；让真理能用自由和祖国的神圣名义把一切智慧和心灵联合起来吧。

　　人们通过相互自由交流思想来增进自己的能力，学会行使自己的权利，达到天性所容许他达到的那种美德、伟大和幸福。但是这种思想的交流，只能采用天性本身所许可的方法。天性本身要每个人的思想都从他的性格和智能中产生出来，天性造就了多样化的智能和性格。因此，罗

───────────

　　① 罗伯斯比尔:《关于政治道德的各项原则》,《革命的法制和审判》, 商务印书馆 1965 年版, 第 184 页。

伯斯比尔指出："发表自己意见的自由，只能是发表一切对立意见的自由。你们必须把这种自由百分之百地给予每一个人，不然就必须找到一种方法能使真理从每一个人的头脑中，一开始就是十分纯洁地和毫无粉饰地产生出来。真理只能是从真实的或虚伪的、荒谬的或理智的各种思想的斗争中产生出来……难道你们想要剥夺别人运用这种能力的可能性，而以你们的个人权势来代替它吗？但是由谁来划定谬误和真理之间的界限呢？如果制定法律或运用法律的人具有比人类智慧更高的智慧，那么，他们就会对思想施行这种权力。但是，如果他们只是一般的人，如果认为某一个人的理智成为高踞在其他一切人的理智之上的统治者的想法是荒谬的，那么任何旨在反对表示意见的刑事法律也都是荒谬的。"①

洛克、伏尔泰、孟德斯鸠等人都指出，自由必须在法律许可的范围之内，而法律的许可范围是由谁划定的呢？他们认为，法律必须由全体人民制定，要体现大多数人民的意愿，制定法律的原则是以不损害他人利益为前提。就这点来讲，罗伯斯比尔继承了这些前驱者的思想。《人权宣言》明确规定："人的基本权利是：关心保全自己生存的权利和自由的权利（第 2 条）"；"自由是人所固有的随意表现自己一切能力的权力。它以正义为准则，以他人的权利为限制，以自然为原则，以法律为保障。和平集会的权利、用出版或任何其他方法发表自己意见的权利，是人的自由的极明显的后果（第 4 条）"。法律只能禁止对于社会有害的行为，它只能规定对于社会有益的行为（第 5 条）。"我们应该看到，罗伯斯比尔与他的前辈不同点在于，他针对

① 罗伯斯比尔；《关于出版自由》，《革命法制和审判》，第 53 - 54 页。

封建暴政明确地提出，法律只是自由的保障，而无权对自由加以限制。

言论和出版自由不是封建暴君所制定的法律涉足的领域。如果不能确定能予以确切说明并得到可靠承认的犯罪行为，法律就不应当加以任何处罚。这是法律的基本原则。"自由人认为是善良的公民的人，奴隶或者专制君主就只会把他看作狂人或叛逆。同是一个作者，由于时间和地点的不同，忽而得到赞扬，忽而遭受迫害；有时人们为他塑像，有时则把他送上断头台。用自己的天才准备了这次光荣革命的著名人物，终于被我们归入了人类的恩人之列。可是，他们一生中在政府眼里是什么样的人物呢？都是危险的革新者，几乎是叛逆。"① 如果每一个人只有在胆颤心惊地看到自己的安宁和自己最神圣的权利遭受一切成见、私欲和利益的任意摆布的情况下才能实现出版自由，那么出版自由会成为什么东西呢！借口取缔滥用出版权利而为作品规定的任何刑罚，完全不利于真理和美德，而有利于恶习、谬误和专制政治。

向别人指出伟大真理的天才人物，乃是超出自己时代的见解的人物，他的思想的大胆创新总是使软弱和愚昧的人望而生畏，各种成见一定要同嫉妒联合起来，把他描绘成令人讨厌、可笑的模样。正因为如此，伟大人物的命运常常是受到同时代人不该有的冷落和后代人的来之过晚的尊敬。正因为如此，迷信把伽利略投入监狱，把笛卡尔逐出祖国。"这些暴君如果要滥用人民的情绪，以法律的名义来迫害他们，是多么容易啊！请回忆一下，专制政治的监牢是因为什么而设立的，并为了你们当中的什么人而敞开

---

① 罗伯斯比尔：《关于出版自由》，《革命法制和审判》，第54－55页。

的，甚至法庭的宝剑是对付什么人的呢？对能言善辩和善良的日内瓦哲学家（指卢梭——引者）的迫害放松了没有？他去世了；伟大的革命使真理至少得到几分钟的喘息；你们决定为他建立雕像；你们对他的寡妻表示过尊敬，并用祖国的名义帮助过她；甚至由这些感谢的表示，我也不能作出这样的结论：如果他还在世并且被安置在天才为他准备好的位置上，他不会受到阴险而狂暴的人的至少同样常见的责难。"[1]

一切钳制出版自由的桎梏在暴君们手中，都是按照自己的个人利益操纵社会舆论和把自己权力建立在愚昧与普遍腐化的基础之上的手段。自由的出版是自由的维护者，受限制的出版是自由的灾难。只有在自由的保护之下，理智才能以它固有的勇气，平静地表达意见。随着自由就会有一切美德，出版问世的作品也就会成为纯洁的、严肃的和无可指责的。

既然法律无权限制出版自由和言论自由，那么，评判一切思想是非的合法者是谁呢？罗伯斯比尔明确地指出，社会舆论是对个人意见的唯一有资格的判断者，是对各种作品的唯一合法的检查员。社会舆论赞成的作品，官员就没有权利指责它；社会舆论已经责难的作品，政府又何必去追究它们呢。社会舆论对于个人意见的影响是温和的、良好的、自然的、不可阻挡的；权力和强力的影响则必然是暴君式的、仇恨的、荒谬的、骇人听闻的。

反对人民自由的敌人提出，人们必须服从法律，不许违反法律写作。对此，罗伯斯比尔认为，服从法律是每个公民的义务，对法律的缺点或优点，自由地发表自己的意

---

[1] 罗伯斯比尔：《关于出版自由》，《革命法制和审判》，第 55 - 56 页。

见，是每一个人的权利和全社会的福利，是人对自己理智的最有价值和最有益处的运用，是具有教育他人所必需的才干的人能够对他人履行的最神圣的天职。

出版自由和言论自由的基本优点和主要目的，是抑制那些被人民委之权力的人的野心和专制作风，不断地提醒人民注意这些人可能对人民权利的侵害。"在任何一个自由的国家里，每一个公民都是一个自由的哨兵，一有风吹草动，一有威胁自由的危险苗头出现，他就有义务高声喊叫。"① 在专制制度下，流言蜚语会成为被诬蔑对象的人的光荣证书，而某些夸奖却被看成是一种耻辱。在自由的社会中，只有坏人和野心家才会害怕社会舆论的裁判。

罗伯斯比尔郑重地建议国民议会宣布：

每个人都有权以任何方式发表自己的意见，出版自由不受任何形式的拘束或限制。

凡是侵犯这种权利的人，应该被认为是自由的公敌。

---

① 罗伯斯比尔：《关于出版自由》，《革命法制和审判》，第62页。

12

繁华春梦

自由啊，多少罪恶是假你的名字干出来的！

——罗兰夫人

安德烈·莫洛亚在他写的《伏尔泰传》中，当讲到卡拉事件的结果时，是这样处理的：1793 年，国民议会下令在"狂妄迷信害死卡拉的"广场上建立一座白石纪念碑，上面镌着下列的字句："国民议会奉献于父爱，奉献于自然，奉献于狂妄迷信的牺牲者卡拉"，费用由国库支拨。而就在此同时，国民议会正把几百个与他们思想不同的法国人枭首。

莫洛亚用文学手法，描绘了一个强烈对比的场面，渲染了大革命中的理想与现实的冲突，这样写也许不太好，给一直怀着激情读这本书的人，泼了一瓢冷水，刺激太大了。不过，莫洛亚讲的的确是事实。

雅各宾专政是恐怖的统治，这是包括马克思在内的许多作家的比较一致的看法。在恐怖最盛的时候，自新 9 月 23 日至新 11 月 8 日，革命法庭判处死刑的人达 1285 名，开释者仅 278 名。牢狱空出得快，填满得更快。解赴断头台的人，迅速地一批接着一批，彼此素不相识的人混杂在一起，脑袋像石块一样落下。

断头台，版画

暴力在自由面前显得多么丑恶，但是这两个词又常常相伴相随，一起出现。

法国 19 世纪历史学家米涅曾指出，当改革已势在必行，实行改革的时机又已成熟时，就什么也不能加以阻挡了，一切事物都将促成改革的到来。假如人们能互相谅解，假如一些人肯于把过多的东西让给别人，另一些人则虽然匮乏而能知足，那么人们就会是非常幸福的；历次革命就会在和睦友好的气氛中进行；历史学家也就没有什么过激行为和不幸事件可以回顾，只要指出人类比以前更为理智、自由和富足就行了。迄今为止，各民族的编年史中还没有过这样的先例：在牵涉到牺牲切身利益时还能保持明智的态度。应当作出牺牲的人总是不肯牺牲，要别人作出牺牲的人总要强迫人家牺牲。好事和坏事一样，也是要通过篡夺的方法和暴力才能完成。除了暴力之外，还未曾有过其他有效的手段。

法国革命是在自由的旗帜下形成的，但是自由的旗帜根本无法掩盖革命者内部在政治观点上的分歧。自由的武器既用于对付反动的封建势力，也用于解决革命内部分歧。大革命初期理论家米拉波曾写道："在国王滥用职权侵害自由，而我们又没有别的办法挽救自由的情况下，我们的义务、利益和荣誉就要求我们抵制国王的最高命令，直至夺取他的权力。"推翻封建专制统治，为的是维护人民的自由，这是确定无疑的。而吉伦特党人和雅各宾党人也都十分自信，各自采取的政治措施虽然针锋相对，也都是为了自由。在吉伦特党人与雅各宾党人的争论中，自由总是双方使用最多的词。吉伦特党人利用宪法约束雅各宾党人，采取温和政策压制下层人民的过多要求，他们完全是在自由的口号下进行的，就像有的议员所说的："我们在这里只是为了保证法国人民享有立法权，为了证明税收是人民同意的，为了保障我们的自由。是的，宪法已经制定，我反对任何限制人民的代表权的法令。自由的缔造者们应当尊重全体国民的自由，因为全体国民是在我们之上，如果我们限制了国民的权力，就取消了我们自己的权力。"

实行血腥的恐怖统治的雅各宾党人同样认为自己的行为是在维护人民的自由事业。1793 年 3 月 10 日，雅各宾党人公布的关于创设革命法庭的法令，第一条是这样说的：
"特别刑事法庭设于巴黎，它审理一切反革命企图，一切危
害自由、平等、共和国的统一与不可分性和有关国家内外
安全的罪行，以及一切旨在恢复王政或建立其他任何危害
自由、平等和人民主权政权的阴谋，不论被告为文武官员
或为普通公民。"

罗伯斯比尔毫不掩饰地声称，他就是要建立对反对派
的专制政府。他接受卢梭的总意志学说，认为他的行为不
论别人怎样看，不论会带来什么样的后果，它是代表人民
的意志的，是公意的体现，而公意代表社会幸福，是永远
正确的。"有人说，恐怖主义是专制政府依仗的靠山。那
么，是不是我们的政府跟专制主义没有两样呢？说得对！
正像自由的英雄手中挥舞的刀剑与暴政的帮凶所武装起来
的刀剑毫无二致一样……革命政府是自由反对暴政的专政
主义。"①

共和国的捍卫者们奉行恺撒的原则：只要还剩下什么
要做，就等于什么也没有做。共和国宪法这只大船虽已建
造起来，但不能永远留在造船厂里，要为它创造一个风平
浪静的气候，驶向远方。神殿建筑起来，不是要作玷污神
殿的渎神者们的庇护所。革命者要加强自己的力量，不断
地清除自己阵营中的叛徒，毫不留情。政府的权力越大，
它的行动越自由、越迅速，它就越应当以善良的意图为指
南。当革命政府一旦落到不纯洁或背信弃义的人们手中，自
由就会被毁灭。政府的名称会成为反革命本身的借口和辩
护理由。

---

① 罗伯斯比尔：《1794 年 2 月 5 日致国民议会》，转引自萨拜因：《政治学
说史》下册，第 663 页。

雅各宾派对暴力十分崇尚。巴雷尔说过："只有死了的人才不会卷土重来。"科洛－德布瓦说："社会这个躯体，越流汗就越健康。"罗伯斯比尔讲："恐怖是迅速的、严厉的、坚决的正义，从而它是美德的表现……革命政体就是自由对暴政的专政。"在自由不曾获得保障以前而放下武器，对人民说来是非常危险的。罗伯斯比尔在回答吉伦特派的攻击时问道："公民们，你们难道期待一场没有革命的革命吗？……非法逮捕吗？出于救国的需要采取一些预防措施，难道要拿起刑法典来加以评估吗？你们不是也可以指责我们非法地粉碎了以传播诈骗和咒骂自由为职业的雇佣文人吗？……所有这些事情都是非法的，同大革命、推翻国王、攻占巴士底狱一样地非法，也同自由本身一样地非法。"

雅各宾专政时期的罗伯斯比尔，似乎忘却了他在革命前和革命初期关于出版自由和言论自由的主张。

雅各宾党人把大批君主立宪派、吉伦特派、还有他们认为本派内部的许多阴谋家先后送上断头台。吉伦特派革命家布里索、韦尼奥、博韦等人成为他们献身的革命的殉道者，他们临刑前无不对这种结果表示遗憾。拉苏斯向审判官说："我在人民失去理智时死去，你们将在人民恢复理智时死去。"孔多塞被宣布为不受法律保护的人，他为了免受酷刑而服毒自杀。罗兰夫人被捕后，在五个月的监禁中，写下一部回忆录《请子孙后代公断》。在上断头台时，她讲出"自由啊，多少罪恶是假你的名字干出来的"这样一句名言。她的丈夫已逃出巴黎，但听说妻子被处死后，便在大路上自杀了。

吉伦特党人以人才出众见称，当时许多著名的思想家集合在它的旗帜下，他们对法国革命做出过重要的贡献。——正是他们推翻了封建王朝，建立了法国历史上第一个共和国；他们厌恶流血、痛恨罪行、摒弃无政府的混乱、热爱秩序、正义和自由。但是他们脱离群众，没有满足下层群众在革命中提出的新的要求，因而把革命的领导权让给雅各宾党人。

罗伯斯比尔对他自己的同党中表现出较为温和的人，也采取严厉的措施。丹东和德穆兰都上了断头台。卡米尔·德穆兰在囚车上说道："请看，这是对自由的最忠诚的信徒的报偿！"

史学界一般认为，雅各宾派的恐怖统治，在历史上是起过进步作用的，它代表了中下层群众的利益，采用"平民方式"使革命度过最危险的阶段，从而"坚定不移地巩固无产阶级最起码的成果"，它克服了吉伦特派的软弱，采取非常措施，限价、征发、国有化、规定利润等等，都是违反生产自由、商业自由、利润自由等资本主义基本原则的；它的恐怖政策和高度集权，也与资产阶级的自由、民主秩序相悖。但是它改善了法国的经济状况，粉碎了王党叛乱，打败了外国的武装干涉。然而，无论如何，从资本主义取代封建制度的历史进程来看，从资本主义制度本身发展的客观规律来看，雅各宾专政都是暂时性的。

尽管雅各宾专政本身是暂时的，但应该看到，导致雅各宾党人失败的直接原因仍然是他们的恐怖政策。他们不仅打击王党、君主立宪派、吉伦特党人和自己内部的叛徒，打击封建势力和中上层资产阶级，同时对下层群众也采用过激政策，对忿激派或平等派也毫不留情。罗伯斯比尔指责他们一向善于利用自由的武器来破坏自由，现在，他们正在处心积虑地利用共和主张来破坏共和国，利用哲学来重新挑动内战。在《关于政治道德的各项原则》的演说中，他指出，革命的敌人处在两个极端上，"一个想把自由变成纵酒狂欢的女人，另一个则想把自由变成娼妓"。

经巴黎革命法庭判决的犯人中，原特权等级所占的比例不断减少，最后只占到 5%，而原属第三等级的人，特别是下层群众的比例却日益增长，竟达到 74.5%。

雅各宾党人的失败是不可避免的。他们的敌人用他们惯用的方法回敬他们。"当（1794 年）热月 9 日夜的最后一丝黑暗被黎明驱散时，罗伯斯比尔只不过是一堆可怜的血淋淋的肉。他被人们从市政厅拖到杜伊勒利宫，从杜伊勒利宫又被拖到巴黎裁判所的附属监狱，最后又从那里被拖到断头台。人们对这个可怜的躯体大肆咒骂，对他开各种低级的玩笑。对此他只报以低沉而惊讶的呻吟。黄昏时分，那个曾经一度是罗伯斯比尔的人面色惨白，挺立在血红的落日余辉中，他的头像野兽在受到猛击时那样，发出一声狂叫，向法国人民诀别了。"[①]

篡夺政权的热月党人并不善罢甘休，还要侮辱他的尸骨，在他的坟头刻了两句诗：

过路人，不管你是谁，切莫为我的命运悲伤，

要是我还活着，你就得死亡。

然而，这一切都是革命者所预料到的，正如一位革命者所说的："我们的子孙将不会受我们这样的痛苦，他们将要在我们的墓地上跳舞，笑我们当日的无知；他们对我们所经历的、保持我们最伟大的王国的完整的激烈行动将感到欣慰。"

---

① 热拉尔·瓦尔特：《罗伯斯比尔》，第 436 页。

13

愤怒的黄蜂

> 我是正在消逝世纪的见证者，我是即将来
> 临世代的见证者。
>
> ——伯克

法国大革命刚刚开始时，首先站出来对它发难的却是英国著名的辉格党（自由党）思想家埃德蒙·伯克。

对于伯克的政治倾向，历来评价不同。他曾被称为最温和的辉格党人，或保守主义的创始人，或 19 世纪自由主义的先驱。后来人们对他不同的评价，似乎反映了他本人一生政治观点的变化和矛盾，但也有人不这样看。乔·霍·萨拜因认为，伯克反对法国革命的态度毁坏了他毕生建立起来的政治联系和友谊，在他的同时代的人看来，那是同他早年捍卫美国的自由，抨击国王控制国会的立场不可调和的。实际上这是个错觉。伯克政治观点的一贯性并不在于这些观点构成了逻辑严谨的体系，而是前后如一的保守方针。这一保守态度驱使他攻击法国革命，这也贯穿于他在革命前的一切著述中。的确，法国革命的事变使他惊恐万状，打乱了他判断力的平衡，暴露出他在此以前体面地加以掩饰的仇恨，滔滔不绝地倾泻出不负责任的言论。在这些言论中，他的公允姿态，他对历史的评价以及他惯于驾驭事实的本领大都丧失殆尽。但是法国革命并未使他产生新的观念，他的主要政治信念是始终如一的。他一贯主张，政治制度形成了一套庞大而复杂的约定俗成的权利体系和习惯遵守的惯例，传统构成集体智慧和文明的宝库，社会的现实改革的前提是不打破传统和惯例的连续性。

埃德蒙·伯克，1729 年出生于都柏林，毕业于柏林三

一学院。1757 年发表美学论文《论崇高美和秀丽美》，开始有点名气，受到狄德罗、康德、莱辛等人的注意。1774年当选国会议员。伯克受休谟的影响较大，接受了休谟对理性和自然法的否定。他承认社会是人为的而不是天然的，承认社会并非仅仅是理性的产物，承认社会的准则是习俗承认社会依赖于含糊的本能，甚至偏见。法国大革命爆发后，伯克于 1790 年怀有敌意地写了《法国革命感想录》，论述了法国大革命的实际进程和革命领导者的策略，着重分析了大革命的"人权"和"自由"的思想。伯克生前一直反对法国大革命，要求对法国新政权发动战争，他不希望实现法国革命所提出的"自由"和"平等"，而主张调和社会生活中的多种组成部分，以达到"平衡"。

伯克对法国大革命极为担忧：如果革命所根据的原则成功地输出，将会整个地摧毁英国及欧洲的既有的秩序。他认为，法国大革命是世界迄今发生的最令人惊奇的事件，它的最令人惊叹的东西是通过最荒唐可笑的实例，以最荒谬的方式、最卑鄙的手段表现出来的。每件事物本身都是处在不寻常的反复无常和残杀凶狠的混乱中，是各种罪恶和愚蠢的混和。在这个魔术般的悲喜剧舞台上，种种截然对立的情感必然随之而来，有时在人们心中混合着，耻辱与尊严、欢笑与眼泪、嘲蔑与恐怖掺杂在一起。①

伯克对法国革命者反对路易十六的专制统治，表示出极大的不满。他认为"法国的叛逆者反对一个温良合法的君主，其凶残、狂暴和凌辱的手段之骇人听闻，远远超过人们反对一个最非法的篡夺者或最杀人成性的暴君。"② 伯

---

① 参见伯克：《法国革命感想录》（Reflections on the French Revolution），伦敦 1910 年"人人丛书"英文版，第 8 页。

② 参见伯克：《法国革命感想录》，第 36 页。

克还对法国王后表示出异乎寻常的好感，他称自己十六、
七年前在凡尔赛见过法国王后，那时她是王太子妃，"在她
似乎从未接触过的这个星球上，肯定没有出现过比她更加
可爱的美人。"她刚从地平线上升起，飞在装饰着和振奋着
她刚开始步入的崇高领域，像晨星那样闪耀着，充满着生
气、光彩和欢乐。"啊！多么糟糕的革命啊！我怎能注视着
这种人世间的浮沉而无动于衷呢？我连做梦也没有想到，
当她把尊敬的头衔封给那些对她怀有热烈、恭谨和高尚之
爱的人的时候，她竟然不得不在胸前藏着剧烈的毒药，以
防受到污辱；我连做梦也没有想到，我居然会活着看见，
在一个男子惯常向妇女献殷勤的国家里，在一个有很多尊
重妇女的正人君子的国家里，这样的灾祸竟然会降临到她
头上。"①

伯克实际上看到了，法国革命不仅是政治革命，而且
是社会革命，他抱怨尊重传统的时代已经过去，继之而来
的是擅长诡辩、厉行俭约和精于打算的人的时代，哀叹欧
洲的光荣已经永远消失，再也看不到人们对有身份的人和
女性表示豁达的忠诚、矜持的恭顺、尊严的服从、真诚的
谦逊了，而所有这些，即使在被奴役的时候，也使崇高的
自由精神保持不衰。用金钱买不到的优雅生活、节约的国
防、豪爽感情和英雄气概的培养，已成为过去！道义感和
对荣誉的忠贞不贰，曾把污点当作创伤，鼓舞人们的勇气
而减弱人们的凶狠，使它所接触到的一切都变得崇高，然
而现在这都成为陈迹了。

法国所发生的一切，必然会导致法律的废弃；法庭的
被推翻；工业没有活力；商业贸易的衰落；国库入不敷出；

---

① 伯克：《法国革命感想录》，第73页。

民生涂炭；教会遭劫掠；国家不能赈济；无政府状态统治着整个王国；人类的和神圣的一切事物都为公共信贷的偶像而牺牲，其结果是民族的破产。而大家得到的却是新的、不稳定的、靠不住的纸的债券。

伯克虽然也承认法国旧制度需要变革，但是他对法国革命中出现的内战、恐怖、党争、流血、饥饿、反叛等持否定态度，而认为这必然会导致法国的毁灭！

伯克指责法国革命者所做的一切，是"没有本钱的生意"。① 任何一个国家都需要两个原则，保存传统和改革现实。法国人从 1688 年英国革命中接受下来的仅仅是偏差，而没有理解英国人的真正精神，这种精神就是继承性。"你们将看到，从《大宪章》到权利宣言，我国政制的一贯政策是提倡和维护我们的自由权，把它们看作我们祖先给我们传下来的并由我们传给后代的遗产，把它们看作特别属于这个王国的人民的财产，而不必以任何其他更普遍或更优先的权利为依据。由于这个缘故，我国的政制虽然在其各个部分之间有着非常巨大的差别，但它却保持着协调一致。我们有我们祖先长期传下来的世袭国王和世袭贵族，有一个下议院和人民向来享有的各项权利、选举权和自由权……革新的精神一般是自私心理和狭隘见识的产物。凡是不回想起祖先的人都不会寄希望于后世。况且，英国人民知道得很清楚，继承的观念提供了稳妥的保存原则和稳妥的留传原则，但它又并不排斥改善原则。继承的观念使人们能够自由地获得有价值的东西，但它又保障已取得的东西……由于我们在国家行为中以及在改善的事物中保持了自然的方法，我们决不是全新的；就我们所保留的东西

---

① 伯克：《法国革命感想录》，第 33 页。

来说，我们决不是完全陈旧的。以这样的态度和根据这些原则来继承我们先人的事业，我们就不会受好古者的迷信的支配，而是会按照哲学类推的精神行事。"① 法国君主专制统治，弊病多端，对它的改善是不可避免的，但是改善不是破坏，修缮一座房屋要尽可能符合房屋原有的风格。这是伯克所开创的保守主义的基本精神，也是他对法国资产阶级的真诚告诫。

伯克对法国启蒙思想家的自由观念和人权思想提出疑义。他认为，公民自由并不像许多人所说的那样是一种潜藏于深奥的科学底层的东西，而是一种福气、一种利益，不是一种抽象的玄思。对于自由所需要进行的思考，都是朴素的，能为生活在自由之中的人们、为捍卫自由的人们所能了解的。几何学和形而上学的命题，在它们各自的领域中只能有真伪之别，而无中间值存在。但是自由与它们不同，社会自由和公民自由正如一般日常生活里的其他事物一样，非常混杂，程度也有差异，它们根据每个社会的习性和特殊的状况，形成多种多样的模式。在这个问题上没有抽象的原则可循，人们彼此应该宽容相待。

法国革命的消息传到英国，许多人为法国人获得自由感到庆幸。但是伯克告诫人们，法国人的自由并不是真正的自由。在法国，疯狂的空气在长期的压制下突然迸发出来，放荡不羁，但是，对这场革命做出判断，首先要等待最初的泡沫平息下来，水质变清。对法国获得的新自由的祝贺，应该等到我们了解新的自由怎样与政府结合，怎样与公众力量结合，怎样与军队的纪律和服从结合，怎样与国家的良好的税收结合，怎样与道德和宗教结合，怎样与

---

① 伯克：《法国革命感想录》，第 31－32 页。

保护财产结合，怎样与和平和秩序结合，怎样与公民和社会生活方式结合之后。新的自由如果不能与这些问题正确地结合起来，就不会产生益处，也不会维持多久。自由对于个人来说，是随心所欲，但是对整体的人来说，便意味着权力。

"我对自己感到满意的是，我像这个社会的任何一个绅士那样，想爱一个有人性的、有道德的、有节制的自由；我也许在我的整个公共行为中，对我对于这个事业的依恋曾做出充分的证明。我认为，我不像他们所做的那样羡慕其他国家的自由……自由像政府一样是有益的；我还能够像十年前那样，仅仅出于常识，不探求法国政府的性质，或者怎样被管理，而对法国享有政府而感到庆幸吗？我现在能够祝贺这个国家拥有自由吗？……我会去祝贺强盗和杀人犯摆脱牢狱的羁绊，恢复自然权利吗？……"①

伯克还声称，倘若卢梭还活着，并且神智还清醒的时候，他对法国人的所作所为也一定会感到震惊。

伯克同样用他的保守主义原则看待自由问题，认为自由的观念并不是某些当代思想家创造的。他提出："我们不是卢梭的信徒；我们不是伏尔泰的门徒；爱尔维修在我们之中没有市场。无神论者不是我们的布道者；疯子不是我们的立法者。我们知道，我们并没有什么发现，我们认为，在道德上，没有任何发现可做，不会发现什么政府的伟大原则；在自由的观念上不会有任何发现，这些观念在我们出生之前就长期存在着。"②

他告诫法国人，要自由并不是要与现存的东西完全决

---

① 伯克：《法国革命感想录》，第6页。
② 伯克：《法国革命感想录》，第83页。

裂，自由不是与其他东西不相容的。革命者只有表明，自由也是法律的补充时，才能使专制主义感到耻辱。

伯克对历来革命中出现的"自由"感到不安，他认为，一个勇敢的民族，宁可选择自由和与它相伴的有德性的贫穷，也不愿腐败堕落，做富有的奴隶，但是在人们付出安适、富裕的代价之前，应该首先弄清，他们所交换而来的必然是真正的自由。然而，伯克确信：这种自由，"它的伙伴中没有智慧和正义，它也不会引向繁荣和富裕。"①

无论什么制度，评判它们的唯一标准，就是人民是否幸福、团结、富裕和强大。由此可见，伯克的保守主义中，功利主义因素发挥着重要作用。

伯克对法国大革命的攻击，使他在当时和后来许多年中声名狼藉，但是，我们今天回首往事时，也应该承认，雅各宾专政、拿破仑称帝、旧王朝复辟，这些都是历史事实。自由主义与保守主义是资产阶级政治理论的两个组成部分，我们决不应望文生义，随意把"保守"视同于"反动"。时至今日，保守主义在西方仍是一股很大的力量，这不仅是政治、经济、社会发展的需要，而且也是人们心理的需要。

塞西尔对伯克的这本书非常推崇，认为它的永久价值主要不在于它对 1789 年大革命的指责，因为现代读者并不十分关心看到法国大革命终于被证明犯了愚蠢、非正义和混乱的错误，那些弊害已成陈迹。这本书的价值在于，它所阐释的主题，长期成为保守党的思想基础。

然而，伯克在尽情发泄了对法国革命的激烈攻击之后，又以无可奈何的神情表示，如果一场大变革即将到来，那

---

① 伯克：《法国革命感想录》，第 130 页。

么，那些坚持反对这一人间强大潮流的人，与其说是单单反对人的意图，不如说是反对天命本身。

这只愤怒的黄蜂，在当时巨大的洪水中，也显得不知所措。

14

自由的使者

　　哪里没有自由，哪里就是我的故乡。

——潘恩

　　伯克对法国革命的批评，得到欧洲保守主义者的喝彩，也引起自由主义者的愤怒。当时正在英国的一位特殊人物，立即著文，对伯克给予了有力的驳斥。他的《人权论》每本以三先令的高价出售，却十分畅销，很快就超过伯克的《法国革命感想录》的销售量。这位特殊人物便是美国的自由主义战士托马斯·潘恩。他之所以特殊，是因为他和拉法耶特侯爵一样，亲身参加了美国独立战争和法国革命，并发挥了重要作用。

托马斯·潘恩，邮票

　　潘恩 1737 年 1 月 29 日出生在英国东部诺福克的一个平民家庭，父亲是裁缝，因家境贫穷，他 13 岁时辍学，跟父亲学做妇女紧身胸衣、腰围和乳罩，这在当时是十分低下的工作。后来他到海盗船"普鲁士国王号"上做过水手，当过教师、收税官。一次次努力失败后，他感到在英国没有像他这种人的出头之日，正巧，他偶尔在伦敦结识了代表北美十三州与英国政府谈判的本杰明·富兰克林，于是，他怀揣富兰克林的推荐信，来到美国。

　　1774 年 12 月他到费城后，在《宾夕法尼亚杂志》当编辑。半年后，美国独立战争爆发，潘恩欣喜若狂，按捺不住内心的激情，伏案疾书，于 1776 年 1 月出版《常识》一书。在这部划时代的小册子中，他为一个新国家的庄严诞生而祈祷："我们有能力开始重新建设世界。自从洪荒以来还没有发生过像目前这样的情况。一个新世界的诞生为期不远了，也许像全欧洲人口那样众多的一代人将从几个月的事件中获取他们应得的一份自由。"

《常识》主张北美殖民地与英国彻底决裂，这一思想在公共舆论中点燃熊熊烈火，给北美人民思想上打上深深烙印，对《独立宣言》的最终形成奠定了基础。华盛顿说过："《常识》将使包括他在内的许多人的心理产生深刻变化……自由的精神在我们心中沸腾起来，我们不能屈服作奴隶……我们决心和这样不公正和不道德的国家断绝一切关系。"潘恩还为这个新的国家起了名字："美利坚合众国"，他在另一部书《危机》中写道：这个名字"将在世界上和历史上同大不列颠王国一样壮丽"。

潘恩参加了杰斐逊主持的《独立宣言》的起草工作。一个默默无闻的制作胸衣和乳罩的小裁缝，一举成为美国的政治名人，潘恩并没有沉溺于已有的荣誉和地位。大陆和平会议之后，当华盛顿享受着人民的偶像崇拜时，他却经常穿梭于英、法两国之间。他坚信美国革命的榜样必然要传播到欧洲去。

1789 年 7 月 14 日，巴士底狱被攻破，汹涌澎湃的革命怒涛席卷了整个欧洲。巴黎人民终于站起来了，潘恩对此既感到喜出望外，又不免惊愕不已。1790 年，也就是在伯克的《法国革命感想录》出版前几个月，他从英国来到法国，在巴黎，拉法耶特侯爵把巴士底狱的钥匙交给他，请他转交华盛顿，以示法国的敬意。这把大钥匙至今还挂在华盛顿的故居维农山庄的墙上。

这年 4 月，他返回伦敦，在读了伯克反对法国革命的小册子后，又以写《常识》那样的热情，写下《人权论》，驳斥伯克对法国革命的攻击。这部新作于次年 3 月出版。

潘恩在这部书的英文版序言中指出："当我看到伯克先生的小册子极尽颠倒黑白之能事，我就更觉非这样做（指写《人权论》一引者）不可了；小册子把法国革命和自由的原则骂得狗血喷头，也是对世界其他各国人民的欺骗。"①

唯有最生气勃勃的对自由的向往，才能激发进攻巴士底狱的那种英雄主义的热忱。然而，伯克先生大谈特谈所谓的阴谋，可是他一次也没有谈到反国民议会和国民自由的阴谋。

伯克曾警告说，袭击巴士底狱必将导致恐怖统治，他预见到国王和王后会被处决，会有恐怖时期，会屠杀贵族，并会出现军事独裁者。法国革命后来的发展都证实了伯克的预见。但是潘恩不这样看，他质问道：国民议会把谁送上断头台了呢？一个也没有。他们自己倒是这个阴谋的注定受害者。伯克先生大声疾呼反对暴行，然而，最大的暴行却是他自己犯的，他的书就是一部暴行录。

潘恩反对伯克用传统对抗革命，"至于世界从那时起直到今天被统治的方式，除了适当利用历史所提供的错误或进步经验之外，都与我们无关了。生活在千百年前的人，就是当时的现代人，恰如我们是今天的现代人一样。他们有他们的古人，古人以上还有古人，而且将来也要轮到我们成为古人。如果仅仅以古代的名义来支配生活，那么，千百年后的人也将把我们作为先例，正如我们把千百年前的人作为先例一样。事实上，自古以来的人想证明一切，结果都一无建树。"② 他断言，从来不曾有也从来不能有一个议会，拥有权利永远约束子孙后代。每一个时代和世代的人在任何情况下都必须为自己自由地采取行动。人不能以他人为私产。1688 年或任何别的时期的议会或人民，无权处置今天的人民，正如今天的议会或人民无权控制百年

---

① 潘恩：《人权论》，《潘恩选集》商务印书馆 1982 年版，第 110 页。
② 潘恩：《人权论》，《潘恩选集》，第 140 页。

或千年后的人民一样。所有一切，无论是革命的原则，还是既成的法律，要适应的是生者，而不是死者。"即使这一代人或任何其他一代人沦为奴隶，也并不能减少下一代人获得自由的权利。错误的东西不能具有合法的传统。"

与伯克蔑视法国启蒙思想家的态度不同，潘恩认为，显示自由精神的唯一标志只能从以孟德斯鸠、伏尔泰、卢梭、狄德罗、魁奈和杜尔哥为代表的法国哲学家的著作中去寻找。

与伯克仇恨法国革命的态度根本不同，潘恩把法国革命与美国革命相提并论，给予极高的评价，他认为，以往号称的革命，只不过是更换几个人，或稍稍改变一下局部状况。这些革命的起落是理所当然的，其胜败存亡对革命产生地以外的地区并不能发生什么影响。可是，由于美国和法国的革命，我们看到现在世界上事物的自然秩序焕然一新，一系列原则就像真理和人类的存在一样普遍，并将道德同政治上的完美以及国家的繁荣结合在一起。

《人权论》赞扬法国革命，建立了普遍的信仰自由权和普遍的公民权利。

《人权论》推崇法国国民议会确立了真正的言论自由。国民议会议长并不像英国下院那样请求国王赐予议会以言论自由，国民议会宪法的尊严不能使它贬低自己。言论自由是人们永久保有的天赋权利之一，就国民议会而言，运用这种权利乃是他们的义务，而国民则是他们的权威。法国议员是由最大多数人运用欧洲人前未闻之的选举权选出来的，他们感到自己秉性的尊严，力求保持这种本色。不论对问题赞成还是反对，他们在议会上的讲话都是自由、大胆和有骨气的。他们不以粗俗无知的空虚神情超然物外，也不以溜须拍马的下贱态度卑躬屈膝。真理的庄重自豪感漫无止境，并且在生活的一切领域保持着人类的正直品质。

《人权论》对法国国民议会公布的《人权和公民权宣言》备加称颂。《人权宣言》郑重宣布：

在权利方面，人生来是而且始终是自由平等的。因此，公民的荣誉只能建立在公共事业的基础上。

一切政治结合的目的都在于保护人的天赋的和不可侵犯的权利；这些权利是：自由、财产、安全以及反抗压迫。

国民是一切主权之源；任何个人或任何集团都不具有任何不是明确地从国民方面取得的权力。

政治上的自由在于不做任何危害他人之事。每个人行使天赋的权利以必须让他人自由行使同样的权利为限。这些限制只能由法律规定。

任何人都可发表自己的意见——即使是宗教上的意见——而不受打击，只要他的言论不扰乱法定的公共秩序。

无拘束地交流思想和意见是人类最宝贵的权利之一，每个公民都有言论、著述和出版的自由，只要他对滥用法律规定情况下的这种自由负责。

潘恩认为，头三条是自由的基础，不论就个人或国家而言都是如此。任何一个国家的政府如果不从这三条所包含的原则出发，并继续保持这些原则的纯洁性，这个国家就不能称为自由，全部权利宣言对于世界各国的价值要比以往颁布的一切法令和条例高得多，好处也大得多。

古希腊著名数学家阿基米得说过："如果我们有一个支点。我们就可以把地球举起来。"潘恩找到了政治上的这个支点，即理性和自由。理性和自由原则一经确立。旧世界的一切根深蒂固的政府、暴政、专制都会被推翻。虽然，对自由的迫害遍及全球，理性被视为叛逆，但是，"真理的不可压制的特性，就在于它的全部要求和全部需要的自由表白。太阳无须用碑文使其区别于黑暗。"① 他最喜欢拉法耶特侯爵在美国独立战争结束后，行将返法时发表的告别辞中的一句话："但愿这个为自由而高高竖立起的伟大纪念碑成为压迫者的教训和被压迫者的典范！"

《人权论》的主题是自由，这一点可以从潘恩给华盛顿写的题献辞中看到，它这样讲："我谨把这篇捍卫自由原则的短论奉献给您，您的可资模范的美德已为树立这些原则作出了卓越的贡献。"② 但是这本书却引起正试图与英国改善关系的华盛顿的不快，因为英国皮特政府支持伯克，反对潘恩。尤其是直接批评英国君主立宪制的《人权论》的第二部分出版后，皮特再也不能坐视不顾了。他下令逮捕出版商，没收该书的铜版，收缴《人权论》，并举行公开仪式，把它们付之一炬。政府出钱，操纵新闻界，左右公众舆论；极力诽谤潘恩。许多村庄的广场上吊起潘恩的蜡制模拟像；他一时间成为英国最受人憎恨的人之一；他被斥为卖国贼、叛乱的煽动者。英国政府还打算正式对他起诉。

面对社会舆论的压力和政府的迫害，潘恩无所畏惧，他把这一切仅仅看成他获得成功的证据。只是到审判他的日子临近时，为了不危及他的英国朋友的安全，他才于1792 年 4 月逃离英国，这年 12 月，伦敦法院缺席审判潘恩。

潘恩在法国受到最高的礼遇，法国国民议会在 8 月通过法令，授予他公民权，9 月份又通知他当选为议员。1791年夏，潘恩为安排《人权论》法文翻译，曾去过巴黎，在那里，与孔多塞、布里索、迪赫德勒和博纳维尔结为好友，

158

① 《潘恩选集》，第 86 页。
② 《潘恩选集》，第 109 页。

组织了一个"共和社"。他这次来到巴黎后,与拉法耶特、米拉波、丹东等人交往密切,他的基本倾向属于吉伦特派。1793 年 1 月,他曾在国民议会发表演说,恳求宽恕国王的性命,并争取路易十六得到去美国的避难权,当即遭到罗伯斯比尔和马拉等人的否决。

1 月 21 日,路易十六在革命广场被送上断头台。潘恩怀着日益不安的心情目睹着这一事件,这时他的脑海里一生中第一次浮现一种疑问,也许人类并不全然是理性动物。国王被处决后,雅各宾派逐步支配了国民议会,吉伦特派领导人相继被送上断头台。在这段时间中,潘恩退出社会活动,隐居乡下,着手写一本关于宗教的书《理性时代》。11 月,雅各宾政府颁布法令,剥夺了像潘恩这样的外籍议员在国民议会中的席位。12 月 28 日,也就是在写完《理性时代》的当天,潘恩被关进卢森堡监狱。在热月政变前一个月,罗伯斯比尔曾签署了一项处决潘恩的命令,由于偶然的疏忽,潘恩没有遭到厄运。1784 年 11 月,潘恩被释放,并恢复了议员资格。

1798 年,拿破仑第一次拜访潘恩,极为恭敬,声称,世界上每一个大城市都应竖立一座潘恩的金塑像;他自己,每晚就寝时总要把《人权论》放在枕头底下,对《常识》和《理性时代》可以倒背如流;潘恩是所有真正理想主义者和共和主义者的北斗星。.

但是,潘恩与拿破仑的良好关系并没有维持多久,这年年末,潘恩在入侵英国的计划上与拿破仑的意见不和,发生争吵,被后者说成是无赖之徒。他在法国再也待不下去了,1802 年,他应杰斐逊总统的邀请返回美国,定居纽约州的新罗彻尔。他在自己做出最杰出贡献的美国遭到冷遇,当地政府不承认他的公民权。他在贫病、屈辱、忿懑中度过最后的七年，于 1809 年猝死。

潘恩，这位在《人权论》中激烈驳斥伯克对法国革命指责的自由战士，自己却成了"恐怖统治"的牺牲品。难道潘恩就一点看不到法国革命的这个结局吗？难道他对伯克的预见就那么无动于衷吗？并非如此，但是潘恩认为，即使伯克的全部预言都得到印证，法国人民起来造反以反抗压迫，也是合情合理的。正像他在《危机》一书中所写的那样："我们感到宽慰的是，战斗越困难，胜利就越光荣。得来的东西越廉价，就越不为我们所珍惜……像自由这样的神圣之物，如果不付出高昂的代价，那的确是令人不可思议的。"

15

正义・幸福・自由

研究道德和政治的真正目的是为了获得快乐或幸福。

——葛德文

伯克的保守主义及其对法国大革命的否定，还遭到另一位英国哲学家的批驳。

威廉·葛德文是英国著名政治哲学家和作家，早年曾投身宗教事业，后来，在启蒙思想的感召下，转变为无神论者。他不仅写历史作品和小说，而且擅长写政论文，对英国激进思想产生过巨大影响。他经常为政治性刊物撰文，宣传自由主义，提倡个人自由，从而成为英国浪漫主义文学的先驱。他认为，一切政治研究的目的，都是为了使人类获得最大的幸福，这也是社会正义的唯一标准，因此，他是功利主义的自由主义的主要代表。他把政权视为强制机构，政府是正规的强力，是由于少数人的错误和邪恶才得以存在的弊害，无论何种形式的政权，总是侵犯个人的独立见解和良知的，在这方面，他基本上是无政府主义者，是巴枯宁和克鲁泡特金等人的先师。

葛德文是潘恩的好友，1791年，潘恩在伦敦安排《人权论》出版时，在他的住处里克曼家，经常与葛德文面晤。此后的一年多时间里，葛德文埋头著述，写下对英国整个青年一代具有深远影响的两卷著作《论政治正义及其对道德和幸福的影响》，简称《政治正义论》。这部激进的著作于1793年出版时，潘恩却已身陷牢囵。这决不是人为的讽刺。

葛德文对法国革命寄予难以表达的热情，并深受革命的影响，革命的年代是他才华毕露的年代。他的《政治正义论》是法国启蒙运动和法国革命在英国文坛上最独特、最令人注目的反响之一。在这部著作中，他毫不掩饰地承认，对他影响最大的有霍尔巴赫、爱尔维修和卢梭。

像潘恩著《人权论》一样，推动葛德文写下这部系统阐述自己观点的《政治正义论》的直接诱因，是伯克在《法国革命感想录》中对这场革命的攻击。

葛德文对法国革命的看法是矛盾的，他反复强调革命产生于对暴政的愤怒，革命引起的怒火越大，压迫者的崩溃就越突然、越惨重。"革命是激情的产物，不是清醒而冷静的理性的产物。一定是一方有对于改革的顽强反抗，才会在另一方引起一举而实现新制度的愤怒的决定。改革者一定是在遭到不断的反抗，为反对者的阴谋诡计所激怒之后，才处于一种绝望的状态，并且想象要实现改革就必须在第一次有利的时机中实现全部改革。"①

人类的真正利益所要求的是不断的改革和刷新。但是，政权却永远是改革的敌人，它的倾向是使弊端永久存在下去。凡是一度被认为正确的和有益的东西，政权就没法传之于子孙万代。政权同人类的真正倾向相反，教导人们向后看去寻求完善，而不是让我们前进。政权鼓励人们从对祖先的决定的怯懦的崇拜中而不是从改革和进步中去寻求公众福利，好像人类思想的特性总在退化，从来也不前进似的。正是社会进步的要求与政权的保守倾向，造成了革命，因此，法国革命的产生及其一切消极后果，其责任不像伯克所指责的那样在于人民，而在于统治者。一切改革的要求均是合乎情理、合乎理性的。

自由胜过奴役，这是毋庸置疑的真理。有人认为，在

---

① 葛德文：《政治正义论》，商务印书馆1982年版，第1卷，第165页。

温和气候的国家建立政治自由制度是不可能的。这种观点没有根据。事实上，一个国家的大多数人，不论多么迟缓，但终归会相信自由是可取的，就如同一万名智力健全的人关在疯人院里，他们丧失理性，忍受着皮鞭、稻草、面包和清水，甚至还想象这种暴政是一种恩赐。自由的思想一旦在他们中间散布开来，枷锁就会脱落，没有人不愿意离开关禁他们的房子，像其他人一样分享阳光和空气的恩泽。

在任何国家里，自由的真正敌人不是人民而是那些在旧制度中有既得利益的较高的阶级。因此他们是保守的，他们回顾祖先的愚蠢，而不是去瞻望人类知识的进步所能够产生的利益；他们在研究自己的权利时，很少想到伟大的道德准则，而是念念不忘野蛮时代的记载和规章，好像除非能够证明是遥远的祖先所遗留下来的，他们便无权享受那一切社会国家的利益，好像人们在一块从未有过自由的土地上树立自由，不如在一块能够证明自由只是遭到暂时中断的土地上来恢复自由那样有理由和有资格似的。葛德文相信："假定有一个专制国家由于某些国情的突变而取得了自由的胜利，这一代人的子女将在更为坚定和独立思考的习惯中成长；他们父辈的顺从、怯懦和圆滑将让位给正直的态度和明确果断的判断力。"①

葛德文对《人权宣言》的理解，与潘恩的理解确有不同。他认为，人们所说的人的权利事实上可以分为两种：积极的权利和消极的权利。积极的权利是指在某些情形下按照我们想的去做的权利。葛德文否认这种权利，他的理由是，既然我们一切行动都是属于道德范围之内，我们自然就没有选择我们行动的权利。不仅个人没有这种权利，

① 葛德文：《政治正义论》，第1卷，第72页。

社会也没有这种权利。潘恩认为，一切民族都有选择自己的政府形式的权利，"法国人民也好，国民议会也好，都没有过问英国或英国议会的事，而伯克先生竟同时在议会和公共场合无端对它们大肆攻击，这种行为不可原谅。"① 葛德文指出，这个立论是不妥的，因为，人们尽管应该用自己最好的判断来塑造自己的行动，但不能做任何有损于普遍幸福的事情，因而没有这样做的权利。人或社会的行动必须合乎理性和正义，完全依自己的愿望去行事的绝对权利是不存在的。

消极的权利是我们所具有的要求别人克制或取得别人帮助的权利。"一切人都有某种范围内的斟酌行事的自由；他有权要求别人不予侵犯。这种权利是从人类本性中产生的。首先，所有的人都免不了发生错误，因此谁也没有理由把自己的判断作为其他人的标准。在我们的争论中没有绝对不犯错误的裁判；每一个人的决定根据自己的理解都是正确的；我们找不到一种满意的方式来调整他们互相冲突的主张。假定一切人都想把自己的感觉强加于人，最后，不会发展成理智上的争论，而是实力上的冲突"。②

人具有生存和个人自由的权利，这无疑是正确的，但是在承认这种权利的同时，应做某种保留。生存权利和个人自由的权利是消极而不是积极的，因为它们要以普遍的幸福、以理性和正义为前提，在人们有义务舍弃自己的生命时，便没有生存的权利，其他人理应剥夺他的生命或者自由。就这点而言，葛德文的观点深受卢梭的影响，卢梭强调的是社会全体成员必须服从公意，公意永远正确。罗

---

① 潘恩：《人权论》，《潘恩选集》，第113页。
② 葛德文：《社会正义论》，第1卷，第113页。

伯斯比尔把这个观点用于雅各宾专政，自认为是公意的代表，"胁迫"社会全体成员服从公意。葛德文显然在为法国革命辩护，只不过用普遍幸福的概念代替了公意。

撇开与他人的关系，就个人的特殊范围而言，思想自由是人的不可动摇的权利。个人判断的权利是其他一切权利的基础，所有人都应该运用自己的能力来发现正确的东西，并把他所了解到的全部正确的东西付诸实践。"一个人的个人理智上的确信，才是使他有义务采取任何一类行为的唯一正当的原则。"① 葛德文在这里显然是矛盾的，他的个人主义原则与他的正义论发生对抗，既然个人判断应该得到尊重，人有权把自己认为正确的东西付诸实践，那么，它们不会与社会正义、与理性、与"普遍幸福"发生冲突吗？葛德文没有解决这个问题。

葛德文对人的自由的另一处保留是，他认为革命并非是人类进步必不可少的东西，革命本身永远包含着强暴，必然带来许多值得责难的情况。"革命是由对暴政的憎恶激起的。但是，它本身的强暴也不是没有更坏之处的。没有比革命时期更同自由的生存不相容了。无拘束地发表意见一向是受制于为害的反动势力，但是在革命的时刻，它受到了数倍于此的限制。在其他时候，人们对于发表意见的后果并不那么害怕。但是在革命时，当一切都处在危机之中，即使一个字的影响也是可怕的，结果就造成了完全的奴隶状态。哪里有这样一种革命，允许人们对于它所要推翻的东西做有力的辩护，或者允许发表任何不是大体上同当时占优势的意见相协调的文章和议论的呢？企图追究人们的思想，因为他的意见而加以惩罚是所有专制主义

---

① 葛德文：《政治正义论》，第 1 卷，第 122 页。

当中的最可恨的；然而这种企图正是革命时期的一个特征。"①

伯克、潘恩和葛德文虽然对法国革命的必要性、对自由原则的理解颇有不同，但是他们在反对恐怖、专政和暴力上却是一致的。葛德文把恐怖的原因归在政权组织上，法国革命者建立政权组织，必然会对自由有所侵犯，必然会造成新的奴役，必然会产生恐怖统治。

重大的革命无不流血，这是十分有害的。并不是因为人类的生命有极大的价值，我们才应该避免流血。事实上，那些现在活着的人，大部分所分得的享受是可怜的和微不足道的，而他们的尊严也不过是徒有其名的。死亡本身是人类罪恶中最轻微的一种。然而，当一个人死于他的邻人之手，则完全不同，会引起许多有害的感情。凶手和凶杀的旁观者会变得冷酷、残忍、没有人性。失掉亲朋好友的人会充满愤怒和复仇的感情。人们之间散布着广泛的不信任。1688 年英国光荣革命虽然没有流血，但是它是以 1640 年以来的几次流血革命为前提的。

革命倾向于限制我们表达自己的思想，束缚我们的自由研究。

革命即使不把我们带回到麻木的境地，也会重新给我们套上专制的枷锁和在相当长的时期内保证压迫者的胜利。

因此，社会改良要有充分的把握取得良好的结果，唯一的方法是使制度改革同公众的觉悟程度相适应。"人民没有享受自由的觉悟和准备，那么这个斗争和斗争的后果将是真正可怕的"。② 葛德文喜欢爱尔维修的一段话，爱尔维

---

① 葛德文：《政治正义论》，第 1 卷，第 181 页。
② 葛德文：《社会正义论》，第 1 卷，第 170－171 页。

修在《论人及其智力和教育》中指出："在每一个民族的历史中都有这样的时刻，他们不知道应该选择哪一个方面，在善政和恶政之间徘徊不定，因而感到一种受教导的愿望；在这时，我们可以说已经以某种方式准备好了土壤，真理的露珠可以很容易地渗透进去。在这样的时刻，出版一本有价值的书可能带来最有利的改革；但是当那个时刻一旦成为过去，那个民族对于最善良的动机也会无动于衷，而且，由于政府的性质，它将不可挽救地陷于无知和愚蠢之中。那时，知识的土壤就变得坚硬和不可渗透，虽然甘霖可以普降，也可以润湿它的表面，但是丰饶多产的希望已经没有了。这就是法兰西的情况。它的人民已经成为整个欧洲轻蔑的对象。没有任何有利的转机能够使他们回复自由。"[①] 爱尔维修的这个预感部分地变成现实。启蒙运动崇尚理性、坚持自由、鼓吹正义、宣传宽容，启蒙的精神培育了法国大革命，但是法国大革命的发展部分地背叛了启蒙的精神。

葛德文也许正是在这个意义上指责了法国革命。他的结论是：一个真正的政治家，即使不能完全阻止革命，也要推迟革命；革命发生得越晚，它所带来的害处则会越少——

要自由，不要专制。

要权利，不要政府。

要改良，不要革命。

---

① 见该书序言。

16

私淑弟子和精神儿子

最鲜艳的爱的玫瑰在断头台上开放，和永
不凋残的自由的柯枝错杂缤纷。①

——雪莱

安德烈·莫洛亚在《雪莱传》中深刻地指出了法国大
革命的历史意义，他认为，自由主义一旦侵蚀了上层阶级，
就会造成无穷的祸患，而法兰西革命已经使自由主义的祸
患露出苗头。这个看法的有效性在雪莱身上有尤为突出的
体现。

诗人雪莱，法国大革命的产儿。他出身于富有的世代
贵族家庭，父辈是英国旧制度、旧思想的坚决维护者。他
本人就学于极为保守的伊顿公学和牛津大学，但是他却是
在启蒙思想的熏陶和法国革命的自由精神的激励下，成长
起来的。他生于 1792 年，死于 1822 年，生命诚然短促，却
领略了革命时代的无限风光。

雪莱在牛津大学

他学生时代最喜欢读的是狄德罗、伏尔泰、卢梭、霍
尔巴赫，以及休谟的哲学和政治著作，前四位法国启蒙思
想家是他的老师们深恶痛绝的，而他对他们却顶礼膜拜。
在他眼里，最能体现法国启蒙精神的著作是葛德文的《政
治正义论》，他相信，如果世界上的人都读了这部书，那
么，人类一定会生活在牧歌般的幸福之中；如果世界上的
人听了理智的呼声，也就是听信了葛德文的妙语，那么，
一天工作两个小时就足够养活大家了。他发誓，尽其所能
做到理智、公正、自由；决不与自私自利、有权有势之辈
同流合污；把一生献给美。

---

① 雪莱：《麦布女王》第九歌，第 177—178 行。

雪莱是葛德文的私淑弟子，他的第二个妻子玛丽就是葛德文的女儿。他最初的几部作品，如《告爱尔兰人民书》、《人权宣言》等，虽比葛德文的思想更带有浪漫主义色彩，但基本上没有跳出葛德文的窠臼。因此，有人称他是葛德文的精神儿子。

写于1817年9月的长诗《伊斯兰的起义》，是雪莱最成熟的作品。从某种意义上可以说，这首诗实际上是一部法国革命感想录。他早年曾想写一本《试论法国革命何以未能造福人类》，结果没有写成，《伊斯兰的起义》在很大程度上是这个抱负的实现。它是一部哲学冥想的诗篇，故事情节很简单：诗人莱昂从小浸蚀于自由平等的思想，不堪暴君的压迫，以滔滔善辩的口才唤醒他的同胞起来推翻暴君，结果暴君被打倒了，但莱昂却从"仁爱"出发，说服了怒不可遏的群众，饶恕了暴君，致使暴君卷土重来，屠杀革命者，莱昂和他的情人被活活烧死。这两位英雄死后复苏，进入了自由和美的精灵所居住的庙堂。

法国革命的结果，雅各宾专政的恐怖、拿破仑帝国的独裁和专制、旧势力的复辟，所有这些现象曾动摇了当时许多自由战士的信心，雪莱在1812年给葛德文的一封信中质问道，《政治正义论》初版以来已有近二十年，结果怎么样呢？人们停止斗争了吗？人间的罪恶和苦难都绝迹了吗？雪莱一直不断地思考着法国革命为什么没能造福人类的问题。

悲观不属于雪莱。他在该诗的序言中写道，法国革命时期中过分走极端的做法，曾一度引起像猖獗的瘟疫一样的恐慌，各阶级无不受其侵袭。在法兰西争取自由的进程中，希望一经遭到挫折，迫不及待的求善心情一度趋于湮灭。于是许多极其热诚、极其好心、崇尚公众利益的人们，片面地看了一下他们所叹息的某些事件，便以为他的满怀希望已遭到悲惨的破灭，因此造成他们精神上的破产。于是意气消沉和厌世心理便成了我们这个时代的特征，成为沮丧中的安慰。

法国革命给人们造成的悲观情绪，是由于它使用暴力，实行恐怖统治。雪莱同意葛德文的意见，否定暴力。他在《告爱尔兰人民书》中指出："法国革命，尽管是抱着最好的意图进行的，但它的结局却对人民不利，原因是使用了暴力。"① 他告诫爱尔兰人民，在任何情况下，不要采取暴力或欺骗手段。暴力和欺骗只会造成不幸和奴役。任何事业，一旦采取暴力，都立即成为一种坏的事业。他在《伊斯兰的起义》中疾呼："自由人可千万别拥抱恐怖这屠夫的双膝！"

雪莱推崇启蒙思想，但面对法国革命的可怖经历，甚至怀疑启蒙思想家对革命的影响。他指出："在法国大革命期间的屠杀，以及此后建立起来的专制统治，证明了法国人对于博爱主义与自由的学说理解得极为肤浅。"② 他似乎有点玩世不恭，又有点傲慢地评点法国启蒙思想家：伏尔泰尽管内心鄙视帝王，却是帝王们的阿谀者，他被当作奴役的工具利用了；卢梭容忍那些削弱和束缚人的心灵的情感，为那痛苦和不光彩的奴役绳索，准备好了许多引颈就缚的同胞；爱尔维修和孔多塞树立了一些不系统、缺乏清晰和力量的原则。至于他的老师葛德文，其著作没有产生什么影响。雪莱并非否认这些思想家的历史功绩，只是轻率地抱怨革命缺乏理论和真正的原则。

---

① 雪莱：《告爱尔兰人民书》，《雪莱政治论文选》，商务印书馆 1982 年版，第 21 页。

② 雪莱：《关于建立慈善家协会的倡议》，《雪莱政治论文选》，第 60 页。

法国革命的缺点是可以原谅的。多少个世纪不间断的专制暴政压得法兰西民族抬不起头来。多少代的寡头统治，一代比一代更血腥、更放肆，掠夺了、侮辱了法兰西民族。在这种情况下，它的士兵在美洲大陆上学会了为自由而斗争，科学的一线光芒冲破了遮蔽着欧洲道德天空的顽固偏见的乌云。当时法国人是处于人类沉沦的最底层，当他们听起来很陌生的真理：他们都是人，都是平等的人这一真理，一旦被传播到四方时，他们首先起来愤怒冲击地上的垄断者，因为他们是最明显地被剥夺、被诈骗掉了一切自然权利的人们。"一个受了几世纪欺骗和奴役的民族，一旦他们的镣铐获得了部分解脱，是不能像自由人那样以智慧和静穆而自持的……"①

伟大的民族！但愿你的声望化成一篇墓志铭，刻在被屠杀的欧洲的坟墓！

你将会像砂砾一般不可数量；夜将尽，你将如晨光般成长得神速，芸芸的大地将要在你的荫庇下睡熟。②

"夜将尽"。雪莱不是一般的凡夫俗子，没有使自己陷入悲观的泥潭不可自拔，他从失望的心情中挣脱出来，驾起思想的船，去探索美好的理想世界。他深信，人类有力量击败罪恶，不必失望。 "如果冬天来了，春天还会远吗？"③

被践踏的法兰西已丧尽最后的希望，

像一场了无痕迹的繁华春梦；

我一跃而起，摆脱了失望的幻象；

爬上高接云天的海^甲的顶峰，

---

① 雪莱：《伊斯兰的起义》，上海译文出版社 1978 年版，第 3 页。
② 雪莱：《伊斯兰的起义》，第十一歌第 XXIII 节。
③ 雪莱：《西风颂》，《雪莱诗选》湖南人民出版社 1980 年版，第 91 页。

洞窟密布的岬甲底有白浪汹涌；

我看见金色的曙光乍然涌现，

唤醒了每个云朵和浪花的幽梦。①

善良而伟大的古人已进入荒坟，

那些纯洁的自由人，英雄好汉，

诗人，以及历代的圣贤衮衮，

都遗留下来了他们辉煌的衣冠，

把这个赤裸的世界披戴打扮。

我们踵武先贤；虽然他们已逝世，

却留下了爱、真理、自由、希望——

他们的伟大精神所孕育的这些形体

将成为万世千秋所遵循的法律和纲纪。②

英国作家 H. N. 勃莱斯福特在他的名著《雪莱、葛德
文和他们的友人》一书中十分生动地说，法国大革命在英
国，是以一位牧师的说教开始，而以雪莱《希腊》诗剧末
尾的颂歌作为结束的。这首作为法国大革命尾声的颂歌是
这样唱的：

世界的伟大世纪重新开创，

黄金时代终于又来到，

大地好像蛇脱去壳那样，

换下了她破烂的棉装。

天在笑，宗教和王国皆成过去，

仿佛一个破碎梦境的残余。

---

① 雪莱：《伊斯兰的起义》，第一歌第 I 节。
② 雪莱：《伊斯兰的起义》，第九歌第 XXVII 节。

……

> 另一个雅典将要兴起，
>
> 它将把它全盛的辉煌
>
> 留赠给更遥远的时期，
>
> 就像落日把晚霞留在天上；
>
> 如果这样灿烂的东西不能常驻，
>
> 也将留下地能接受、天能给予的礼物。

雪莱用诗的语言，热情讴歌着法国革命者孜孜追求的自由。"我们被关在一座巨大的地牢中，它比潮湿而狭隘的牢房还要更可怕，因为大地是它的地板，天空是它的屋顶。让我们跟随着英国自由之神的尸体行进，缓步地，恭敬地护送她进坟墓；如果真出现了辉煌的神魂，把她的宝座建立在被踩碎踏破的断剑、皇节和皇冠的废墟上，那么让我们这样说吧：自由的圣灵已抛下了肉体混浊的一切，而从坟墓中升起了，那么让我们跪下，膜拜她：她就是我们的女皇。"①

自由，是雪莱政论文和诗歌中议论最多的主题，在《告爱尔兰人民书》中，他号召爱尔兰人民勇敢斗争，去争取自由；并谆谆嘱咐他们，理性、智慧、道德与自由是不可分的，"没有理性和道德，而要希望任何自由和幸福，那是徒然的，因为没有道德，就会有罪恶，一有罪恶，就必须有政府。"②

雪莱对拿破仑非常痛恨，把他看成是法国革命及其自由原则的破坏者，有诗为证：

---

① 雪莱：《告人民书》，《雪莱政治论文选》第 153 页。
② 雪莱：《告爱尔兰人民书》，《雪莱政治论文选》第 28 页。

我恨过你，倾覆的暴君！我曾经痛心

当我想到像你这样一个谦卑的奴隶，

竟然也会在自由的墓畔欢跳、狂饮；

…… …… …… ……①

与启蒙思想家一样，雪莱坚决维护出版自由，他认为，出版自由就像一个哨兵，当发现有任何破坏我们的自由的迹象时，他就向我们报警。人有一颗产生感情的心，一个能思维的脑，一条能说话的舌头，使用它们是人的最基本的权利，人类社会昙花一现的制度是不能夺走这些权利的。他援引拉斐德的话说："一个民族要爱自由的话，只要她懂得自由；要成为自由的话，只要她愿意自由。"一个愿意自由的民族，应该无所畏惧地充分地运用自己的出版和言论自由的权利。

雪莱把他的自由原则基本上都概括在他的《人权宣言》中，它主要包括："政府没有任何权利的；它是许多个人为了保障他们自己权利的目的而选择的代表团体"；"如果这些个人认为他们自己或他们先人所制定的政府形式已不适于为他们谋福利，他们有权改变它"；"政府是为了保障权利而设置的。人的权利是自由权，以及平等地使用自然界的权利"；"每一个人有权按他的理性去思考；他对他自己有义务进行自由的思考，以便可以根据他的信念来活动"；"每个人都有权享受无限制的讨论自由"；"每个人不仅有权表明他的思想，而且这样做，正是他的义务"；"现在一代人不能束缚他们的后代：少数人不能预定多数人的事"；"人没有权利为了可能的善而做任何坏事"；"一个国家的政府应该对一切言论保持完全的超脱态度"；"信教并不是人

---

① 雪莱：《一个共和主义者有感于波拿巴的倾覆》，《雪莱诗选》第26页。

们有意识地决定的；任何非有意识地决定的事，既无可赞扬，也无可非难。不能凭任何人的宗教来判断他的好坏。"①

这个《人权宣言》并没有什么特殊之处，不过是法国启蒙思想、美国《独立宣言》、法国革命中的《人权宣言》，以及卢梭、潘恩、葛德文等思想的集合表述。

在雪莱的自由思想中，真正有特色的东西是他对贫苦的劳动群众的同情，把自由与劳动群众的幸福结合起来，恰恰因此，有人把他看成是社会主义者。

举起，把战旗高高举起！
自由正在扬鞭策马向前猎取胜利，
尽管为她执扇的仆役——
劳苦和饥饿，在相顾唏嘘叹息。②

让天下所有的人都能自由平等！
……
它像最美妙的乐音，回旋在我心灵，
……你们来自何方？
啊，我从你们憔悴的脸上，
看到了说不尽的忧伤、辛劳、羞辱。
……
你们去为君主运送刀剑和黄金，
让他把民众恣意欺骗，杀害？
还是在瘦弱的饥民中掳掠个痛快，
抢来了他们劳动的果实？别隐讳！③

雪莱多次指责已成统治者的资产阶级，为获得本阶级

---

① 参见《雪莱政治论文选》，第65－69页。
② 雪莱：《颂歌》，《雪莱诗选》第86页。
③ 雪莱：《伊斯兰的起义》，第八歌第ⅩⅦ－ⅩⅧ节。

的自由，以牺牲下层阶级的自由和生命为代价。可以说，
这是在对法国革命基本原则的反思中的一大进步。

"愿你们的心灵成为纯洁和自由的神殿，它的一尘不染
的衷诚的祭坛上，永不会升起一缕崇拜财神玛蒙的烟篆!"①

---

① 雪莱：《告爱尔兰人民书》，《雪莱政治论文选》第 43 页。

17

重新发现的世界

不要重蹈前人的复辙，而要走你所应该走的路。

——塞内卡

伏尔泰流亡英伦时，有一天，他在泰晤士河边遇见一位水手，这位水手见他是享有特殊优待的法国人，便抓住机会用粗野不堪的话嘲笑法国人，以自己是自由的英国人引为得意，声称，宁愿当一名泰晤士河上的水手，也不做法国的主教。次日，伏尔泰凑巧又遇到这个水手，这个水手在士兵的看押下，正戴着镣铐向过路的人乞讨施舍。伏尔泰趋前问道，他是否还认为法国主教比英国水手卑贱呢？那位水手喊道：“啊，先生，一个多么可恶的政府呀！我被强迫带到国王的一条船去挪威服役。他们使我妻离子散，又怕我逃跑，给我戴上脚镣，押我上船。”事后，伏尔泰感慨万分，曾在某处写道：“我有一种比较仁慈的情感，我对这个地球上没有自由感到痛苦。”

伏尔泰对英国资产阶级革命感到欢欣鼓舞，颇为推崇英国的政治制度和自由精神，他在《哲学通信》中赞扬过英国的商业自由、政治自由、文化创作自由和宗教信仰自由。然而，他对英国的实际状况并非熟视无睹，他不仅从斯威夫特的作品中了解到英国资本主义社会的弊病，而且还亲眼看到下层群众并没有从英国革命中得到好处，自由的原则对穷人来说是不起作用的。

那么，法国大革命又怎么样呢？它同样不能带来普遍的自由。伯克、潘恩、雪莱对法国大革命的褒贬都带有强烈的感情色彩，葛德文首先从理论上试图对革命有所总结，只因他身处革命的动荡时期，理论的判断尚缺乏独立性，难见深刻。

但是他们的共同点是，一致认为，启蒙思想运动提出的理想社会，千百万革命殉道者追求的自由、平等、博爱、正义等原则，并没有在革命中实现。俄国 19 世纪著名作家陀思妥耶夫斯基在《卡拉马佐夫兄弟》中，借主人公佐西马长老的训言，对这种状况做了有益的说明。"世界宣告了自由，特别是在最近时代，但是在他们的自由里我们看到了什么呢？只有奴役和自杀。因为世界说：'你有了需要，就应该让它满足，因为你跟富贵的人们有同等的权利。你不必怕满足需要，甚至应该使需要不断增长。'这就是目前世界的新信条。这就是他们所认为的自由。但是这种使需要不断增长的权利会产生什么后果呢？富人方面是孤立和精神的自杀，穷人方面是嫉妒和残杀，因为只给了权利，却还没有指出满足需要的方法……我问你们，这样的人自由吗？"

为了使法国革命的崇高理想继续得以实现，仅仅停留在对它的行为提出批判性反思是不够的，还必须审查它的整个政治和社会观念，提出新的社会模式和价值观念。圣西门就是在这样的条件下应运而生的。

昂利·圣西门，这位 19 世纪空想社会主义的最伟大代表，1760 年 10 月 17 日出生于巴黎一个旧贵族家族。他少年时代曾就学于著名的百科全书派首领达兰贝尔门下，在达兰贝尔的影响下，圣西门从小就对精密科学发生兴趣，爱好唯物主义哲学，对宗教迷信养成了批判的态度。

他把美国独立战争看作是争取自由、解放的革命斗争，1779 年毅然参加志愿军，远渡重洋，到美洲直接参加反对英国的军事行动。他先后参加过五次战役，表现出色，负伤数次，连晋军阶，后来，他自豪地说过："我可以把自己

圣西门

看作是合众国自由的奠基人之一。"战争结束后，他返回法国，为实现自己的一些科学计划四处奔走。

法国大革命爆发后的头两年，他在外省积极参加了人民革命运动。虽然他信奉政治自由和权利平等的思想，虽然他同情"人数最多和生活最贫苦的阶级的命运"，但是革命的暴力和恐怖，使他离开了革命。正如他后来讲的那样："我回到法国的时候，革命已经开始。我不想参与革命，这一方面是因为我本来就确信旧制度已经日薄西山，另一方面是因为我厌恶破坏。""我的笔就屡次想描述法国人自己制造的灾难的情景，摘录他们做过的暴戾举动，复述他们在革命时期所犯的罪行。但是，我的内心反对我这样做。一想到我亲眼目睹的这些可怕情景，在我的内心就引起反感。"他自称在革命的过程中，他始终是旁观者和观察家。1794 年，出于误会，他曾被雅各宾党人关入监狱，直到热月政变后才被放出。

出狱后，他投身实业和科学研究活动中，结识了当时最杰出的科学家和哲学家，慷慨解囊，资助科学研究、刊行学术著作，以实现改进人类命运的工作。由于圣西门家族的财产在革命中遭受很大损失，再加上大方无度，他个人的财产几乎荡尽，有一个时期竟难以果腹，不得不去一家当铺当缮写员以聊补无米之炊。

他直到 42 岁之年才出版自己第一部著作，以后，他的著作不断地问世，受到读者的欢迎，成为多产作家。他周围逐渐聚集起一帮门徒，其中最为有名的有梯叶里、安凡丹和孔德。孔德正是因为系统地阐述了圣西门的哲学思想，而成为实证主义的创始人。

圣西门在自己的著作中屡次谈到法国革命的历史意义、起因和结果。他在《给一个美国人的信》中强调，18 世纪法国哲学为革命做了长期的准备，当时出现自由党人，这些人在自己的著作里揭露旧统治的缺陷，提出社会制度的新原则，后来制宪会议把这些原则固定下来。自由党人决不喜欢实行流血革命，"任何人也不会谴责自由党人发动流血斗争，这种谴责是很不公正的，因为自由党讨厌使用武力，而且因其他所有政党使用残酷的暴力而蒙受大于其他任何一个政党的牺牲。"①

自由党人代表的是实业家阶级，这个阶级在封建制度内部产生，形成完备的组织，在 18 世纪有了夺取政权的充分力量，而旧统治阶级终于土崩瓦解。法国革命开始给予旧的统治阶级以致命的打击，这个革命的基本原因也是从 15 世纪开始到 18 世纪结束的社会力量对比的变化。当时实际的世俗权力掌握在实业家手里，实际的精神权力掌握在学者手里，而政治制度代表的是贵族和僧侣的利益，不符合实际状况。政治革命的任务，就是使在社会上真正占有优势的力量直接掌握政权，必须从贵族和僧侣手里夺取政权，转交给实业家和学者。世俗权力和精神权力的这个变化，"是法国革命的真正原因。这一巨大的危机完全不是来自这个或那个孤立的事实，而不管这个事实具有什么实在的作用。政治制度变革的唯一原因，就是旧政治制度所适应的社会状况完全从本质上发生了变化。六百多年来逐渐完成的市民革命和道德革命，产生了政治革命，并使这一革命成为不可避免的事情。再没有比这种情况更符合事物的本性了。如果一定要想说明法国革命的起因，那就应当把这一革命的开始时期追溯到公社开始解体和实证科学在

---

① 圣西门：《给一个美国人的信》第六封信，《圣西门选集》，商务印书馆 1979 年版，第 1 卷，第 161 页。

西欧开始发展的那个时刻。"①

　　倘若法国没有处在封建势力强大的邻国包围下，革命本来是可以不流血的，也不必通过暴力来使新制度代替旧制度。自由党人为了反击外来干涉，被迫唤起人民群众，并且把他们武装起来。在人民群众的支持下，自由党人战胜了全欧洲的贵族和僧侣。但是，武装起来反抗特权阶层的无产者却抛开自由党人而自行掌握了政权，给革命带来了破坏性。自由党人成功地推翻了旧的封建制度，而在建立新的制度方面无所成就，因而也就无法实现唯有他们才能实现的普遍的自由。

　　与腐朽、堕落的封建统治阶级相对的实业家阶级，在圣西门笔下，是一个非常广泛的集团，它既包括企业主、学者、艺术家，也包括从事体力劳动的工人。在革命中起领导作用的应该是前者，而不是后者。法国革命之所以未完成，一方面是自由党人不够成熟，对新的政治体系缺乏共同的观念，另一方面是"愚昧无知的阶级，暂时夺取了政权，以致引起反动的潮流。"圣西门晚期著作中，对无产阶级的评价有所变化，他详细证明无产阶级的成熟，说他们在法国革命时期表现了管理财产的极大才能，无产者不再危害社会的安宁，也不需要他人的监护。

　　圣西门看到，资产阶级革命中奉行的自由原则，是资本主义生产关系形成后提出的必不可少的要求。当封建的公社刚刚解体后，"治理社会的原则不是社会自己规定的，而是被迫接受的。这就是专制制度和奴隶制度的时代。最后，实业开始显示出自己的力量，自由也产生了。"② 随着

---

① 圣西门：《论实业体系》，《圣西门选集》，第 1 卷，第 270 页。
② 圣西门：《给一个美国人的信》，《圣西门选集》，第 1 卷，第 173 - 174
页。

反抗和批判的精神日益增强，自由有了支持者，取得了发展和成果，通过动荡夺取了旧制度的最后一道防地，抹去了封建制度和神权政治的最后痕迹。但是，这场旨在争取自由的伟大事业变成了流血的、可怕的和惨无人道的革命，只是产生了新的奴役形式。

以自己的实证哲学为基础，圣西门形成实证政治学。他指出，革命之所以产生这种后果，是因为实业听任自己偏离了原来的道路，忘记了自己的学说，从而长期以来采取了与自己背道而驰的策略。"对自由事业发生指导作用的，不再是现实的和已被明确认识到的需要，而是模糊不清的和漫无边际的胡思乱想，即臆想的需要。人们把自己的愿望表达得过于急躁和狂热，而没有把它表达得合情合理和恰到好处。对自由的热爱，逐渐变成了对政权的憎恨。最后，人们再也不考虑在已经取得的土地上站稳脚跟和加强自己的力量了，而是打算蹂躏这一地盘，并使它变成一片焦土：凡是能够演变为利害冲突的斗争，都表现为毁灭性的战争。不错，这使政权衰落了，但自由并没有因此而确立起来。自由的基础被人遗忘了，而自由的基础就是实业。"①

革命为了什么？为了发展实业。

自由为了什么？为了发展实业。

在革命前，实业没有足够的信心来发挥其应有的作用，也没有足够的信心来高举自己的旗帜走在文明的前头。革命发生了突变，时代也完全变了，然而人们却忘记自己的使命，忘记唯有实业才能使人们获得真正的幸福，反而思

① 圣西门：《〈三个时代〉的〈结论〉》，《圣西门选集》，第1卷，第181-182页。

想过于激动、过于轻率，无法平静下来。

对自由的需要和热爱，是随着实业并通过实业而产生出来的。自由只能随着实业而扩大，只能通过实业而加强。如果实业界不听任武断的、毫无原则的哲学的诱惑和吸引，那么自由所取得的进步，表面上看起来似乎要缓慢些，但至少能更为可靠些，而革命也许不那么轰轰烈烈，却能更为有益，少造点孽，多积点德。

但是人们既不了解自由的条件，又不认识自由本身，而是听到哪里宣布自由，就满怀希望的热忱扑向那里。这样，人们在那里只会遇到某种新的奴役组织。"如果我们要自由，那就得亲手去创造，而永远不要等待。"

"革命给我们帮了倒忙，我们担心它还会帮倒忙，担心灾难的后果会成为我们失望的原因。指责我们的不幸，这是敌人玩弄的十分强大的武器。让我们把它砸碎，或至少使它变得毫无用处！要在我们的思想中把自由和革命分开，而将一切狂暴行为归咎于革命！要在使自由恢复其原则的同时，将荣誉、信心和力量还给自由！"[1] 一个民族，若想获得自由，光爱自由是不够的，它还应当掌握关于自由的科学。这项任务本来是属于18世纪的哲学家的，可是他们根本没有完成。在他们之后，又有许多思想家追随他们爬行，依靠自己老师们的观点吃饭，不敢逾越雷池一步。"我们感到必须使政论作家们从这种昏睡状态中醒悟过来，尤其必须唤醒他们转移注意力，此外还必须向哲学提出新世纪、即实业世纪为它所规定的新任务。"[2]

在《论实业体系》一书中，圣西门把他的理想描绘得

---

① 圣西门：《〈三个时代〉的〈结论〉》，《圣西门选集》第1卷第183页。
② 圣西门：《〈三个时代〉的〈结论〉》，《圣西门选集》第1卷第184页。

更为详尽。他指责法学家（圣西门指的法学家包括像罗伯斯比尔这样的政治家）和形而上学家（与实证哲学家相对立的哲学家）总爱把形式当作内容，把空谈当作行动，因而普遍认为，政治制度几乎是多得无穷无尽。然而，实际只有、也只能有两个截然不同的社会组织体系：封建军事体系和实业体系。

一个社会必须有一个活动目的，否则就没有政治制度。"在革命之初曾明确宣布，要建立经济的和自由的制度。这种制度的直接的和唯一的目的，是为勤劳的生产阶级谋求最大福利。"①

只要封建和神学体系还多少有些力量，提出自由原则是必要的，因为自由受到严重的侵犯。而建立实业和科学体系的时候，自由便不是目的了。保证个人自由，无论如何不会成为社会契约的目的。自由是文明的一种结果，和文明一样也逐步完善起来，它可不是文明的目的。人们并不是为了自由而联合在一起的，因为他们处于各自为政的分散状态最为自由，离群索居、孤独生活最为自由。自由决不在于社会成员可以随心所欲，游手好闲，无所事事，恰恰相反，真正的自由，在于尽量广泛地和毫无障碍地发展人们在世俗方面或精神方面有利于集体的才能。

随着文明的进步，世俗和精神方面的广义分工也将同样地发展。由此，人们必然日益减少彼此间的个人依赖，而逐渐增加他们之间每个人对集体的依赖关系。如果人们仍把自由当作政治学说的基础，那么，空洞的和形而上学的自由观念，就会严重妨害集体对个人的影响。

圣西门是一个充满理想、充满热情的思想家，他认真

① 圣西门：《论实业体系》，《圣西门选集》，第 1 卷，第 260 页。

而不古板，现实而不庸俗。他的思想虽然是立足于对大革命的批判，但同时又为新的时代初步构思了基本原则，实际上起着一种过渡作用，然而这只过渡之舟不是转瞬即逝的海市蜃楼，它为现代思想的发展，不论是现代社会主义的发展、现代自由主义的发展，还是现代哲学的发展，都开拓了新的航程。

18

文学与自由

再也没有比让奴隶夸耀自由更可憎恶的事情了。

——爱默生

1802 年，圣西门读到斯塔尔夫人的新著《论文学与社会制度的关系》（简称《论文学》），感到十分兴奋。斯塔尔夫人所认为的科学具有伟大作用和人是完美的观点，以及她昔日对各族人民和个人生活中的情感和欲念所作的崇高评价，与圣西门的想法十分接近，使得圣西门感到他自己同斯塔尔夫人心心相印，觉得她的才华与自己并驾齐驱。他断定同她密切合作，一定会收到最好的效果，而像他和她这样的天才结为夫妻，必然会生出能够创造出一番伟大事业的才华惊人的后代。

圣西门没有多加考虑，毅然与自己的妻子离婚，到瑞士的日内瓦湖畔的科佩镇，拜访独居在那里的斯塔尔夫人。虽然当时斯塔尔夫人已于三年前离婚，但她仅仅非常亲切地接待了他，却拒绝了他的求婚。也许正是由于这次失恋，使圣西门安下心来，集中精力于写作，才在这一年发表了他的处女作《一个日内瓦居民给当代人的信》。

斯塔尔夫人是法国杰出的女作家，文艺理论家，为欧洲浪漫主义文学奠定基础。她原名热尔曼娜·内克尔，其父雅克·内克尔是瑞士人，移居法国，是法国首屈一指的银行家，他作为上层资产阶级的代表，曾于 1777 年和 1788 年两度出任路易十六的财政大臣。热尔曼娜的母亲为协助丈夫的事业所建立的沙龙，是当时社会名流荟萃之所，许多著名的启蒙思想家经常出入其间，包括狄德罗、达兰贝尔、格里姆、马布利、布丰、马尔蒙代尔以及德芳夫人等。

197

热尔曼娜自幼在这样的环境中受熏陶，以其聪慧过人、才思敏捷、能言善辩而崭露头角。1786 年她顺从母亲的意愿，与她并不爱的瑞典驻法国大使斯塔尔－霍尔斯坦男爵结婚。婚后，她独立主持沙龙，接待社会名流和自由思想家。斯塔尔夫人是卢梭的狂热信徒，1788 年发表《论卢梭的性格与作品》，高度赞扬卢梭的思想和主张，这部著作使她一举成名。

法国大革命的爆发，使她欢欣鼓舞，她认为这是新秩序的开端。她在政治上属于吉伦特派，却期望建立英国式的君主立宪制。她在恐怖时期迁居日内瓦湖畔的科佩镇，在流亡中，她的家成为欧洲知识界头面人物经常聚会的地方。热月政变后，她返回巴黎，对德国浪漫主义进行研究，于 1796 年写了《论激情对个人与民族幸福的影响》，还写过几篇长篇小说。拿破仑执政后，对斯塔尔夫人和她的沙龙中的自由派知识分子的言论不满，于 1803 年把她逐出巴黎。她返回科佩后，先后访问德国和意大利，结识歌德、席勒等著名作家，回来后写下《论德意志》。拿破仑认为这部作品是反法兰西的，下令销毁。斯塔尔夫人辗转逃亡英国，波旁王朝复辟时回国，拿破仑百日统治期间又迁往科佩。她在科佩与拜伦一同度夏，结下笃深的友谊。1817 年她在巴黎病逝。

这位与法国大革命相伴相生的才女，在文学史和思想史上都具有重要的地位。她于 1800 年出版的《论文学》一书，充满了对自由的热爱和向往，尤其是她通过比较革命前后法国文学状况，肯定社会进步的必然趋势，指出了革命中出现的一些弊端。

斯塔尔夫人拥护法国革命，但谴责它的暴力和恐怖。"时代在一步一步向自由迈进，因为自由是道德所要求的。

歌德素描

然而，遗憾的是，我们又怎能摆脱那如漫长的岁月中回荡不已，而我们却看到了无数的暴行，几乎司空见惯，过目即忘！而这些令人发指的罪行正是在人类最伟大、最崇高、最值得骄傲的思想——共和主义的荫庇下产生的！"[1]

革命把愚昧无知的人也推了出来，人们想建立起一个平等的，把所有才智之士与所有普通人都在表面上拉到同一水平，压抑杰出人物，安抚忌贤妒能的平庸，这不仅使社会的道德水准下降，也降低了人们鉴别趣味的标准。嘲讽，这种新的玩世不恭，严重地损害了社会的健康。即使你有天赋的辩才，当你遭到嘲笑的时候，那种痛苦之情也会使你讷讷不能言；有力的语言、自然的语调、高尚的行动都是你对周围人们思想感情的信任感启发而生的，一句冷冰冰的戏谑就会使它们烟消云散。谁要是对世间的事物认真看待，嘲讽就向谁扑来；谁要严肃地对待人生，还相信有真正的情操和严肃的利益，它就对谁揶揄备至。

革命前旧政权末年，这种嘲讽奚落横行一时，它在开始的时候曾经起过使鉴赏趣味变得高雅一些的作用，后来却变成使人们浪掷精力的一种因素，而文学则必然受到它的影响。当低劣的鉴赏趣味发展到粗俗的地步时，它跟文学的光辉、跟伦理道德、跟自由、跟人与人之间的关系中的一切美好和崇高的事物将是何等背道而驰啊！

当然，面对这样一场伟大的革命，如果斯塔尔夫人仅仅个人感情用事，也加入诋毁革命的那些人的行列，那她就不会成为一名伟大作家了。斯塔尔夫人指出："谁也不能否认，自从恐怖统治在法国把人、人的品格、思想和感情大肆摧残以来，文学受到了很大的损害。我们应该把这个

---

① 斯塔尔夫人：《论文学》：人民文学出版社1986年版，第127页。

令人胆寒的时期看成是逸出历史潮流的事件，看成是任何正常的道理所无法解释也无法产生的怪异的现象……革命的本性决定它在若干年内使学术的发展暂时中止，但也必然能在往后产生推动学术发展的作用……如果我们纠正革命中的错误，而又不放弃促使欧洲思想界对建立一个自由而公正的共和国产生兴趣的那些真理的话，我们的文学和哲学将能达到何等完美的地步。"①

因此，斯塔尔夫人以自由和政治平等的持久存在为前提，论述一个伟大的民族，一个开明的民族，一个确立了自由、政治平等以及与社会制度相适应的社会风尚的民族——它的文学出现的变化和改进。

斯塔尔夫人歌颂了启蒙时期法国文学的进步，着重分析了伏尔泰和卢梭的作品。自路易十四去世以后，人们的思考转向与宗教和政治有关的问题，展开了一场思想革命，这是因为受英国哲学家的启发。

伏尔泰与斯塔尔夫人的父母亲有着很深的交情，1770年内克尔夫妇曾发起，联合达兰贝尔、狄德罗、圣朗贝、爱尔维修、絮阿尔、格里姆、马尔蒙代尔等17位自由思想家，集资为伏尔泰塑像，向这位老人表示敬意。这是一座由著名雕塑家皮加尔设计的裸体坐像。当时斯塔尔夫人才四岁，恐怕不会记得这段往事，但是伏尔泰留下的大量作品无疑她是熟悉的。她认为伏尔泰的作品中，到处可见的是辛辣的典雅、精巧的趣味；他要求学术知识趣味高雅，哲学要符合时代精神；他用戏谑和嘲讽这个武器削弱了荒谬的事物，掘动它们的根基，为后来的革命做了准备。因此，可以说，伏尔泰一个人就代表了那个哲学时代。

伏尔泰坐像

① 斯塔尔夫人：《论文学》，第 242 页。

卢梭与伏尔泰不同，他胸中怀着的是一颗被冷漠无情、轻浮浅薄的人们的不公正、忘恩负义和愚蠢的蔑视长期撕碎的受苦的心，他对社会秩序感到厌倦，所以能诉诸完全合乎人的本性的思想。他从森林深处呼唤原始激情的风暴来震撼那建立在古老基础上的统治。

启蒙时期的文学推动和传播了当时的哲学和政治思想。

文学的繁荣与政治气候有密切的关系，文学和自由的结合产生大革命时代的优秀作品。"围绕着世袭君主的是一片幻宙与回忆的烟云；而由选举产生的统治人物则是以其个人的优越而指挥别人的，因而他需要讲究体现这种优越的外在形式，而他在所有言词、所有姿态、所有语调乃至所有行动中都表现出来的良好趣味，那显示出能随时把握住人与事物间的一切关系、既意识到自己又不忘对别人应有的尊敬的既平和又高尚的心灵的良好趣味，就是体现这种优越的再明显也不过的外在形式……"① 共和精神要求文学的性质有所变化，它要求良好的鉴赏趣味更加严肃，而良好的鉴赏趣味又同良好的社会风尚密切相关。共和精神应该有利于将雕琢得更有力的美注入文学作品中，将生活中重大事件的更富有哲理、更能震撼人心的图景注入文学作品之中。

在王政时期，时常有必要把一个大胆的批评意见加以乔装打扮，把一种新的见解伪装为古已有之的思想，而在这些不同的情况下，如果要保持良好的趣味，就必须具备特别细腻精巧的头脑。而在自由的国家中，真理的外表是和真理本身相一致的。表达和情感应该都出自同一来源。在一个自由的国家里，人们根本不会成天听到同样的论调，

① 斯塔尔夫人：《论文学》，第250页。

也根本用不着用花样翻新的种种形式来掩盖思想的单调贫乏。偏见不再为思想设置障碍，日新月异的要求永远存在；人们用不着成天为了排遣无聊的时光而挖空心思，因此思想也就更加纯朴，用不着使用那些为自然趣味所不容的矫揉造作的雅致来吸引读者注意。

文学在过去之所以声誉扫地，正是由于它一无用处；而治国准则在过去之所以如此有失宽容，正是由于政治与哲学的绝对分离，而且这种分离竟达到，如果有人把他的才华用来教育和启发人们，就被认为是缺乏领导能力。如果说哲学使人不适于治国，那是使人不适于独断专行、专横暴戾、把人民视若草芥地治国。

在自由政体中跟在君主政体中不一样，伟大的作家之所以有必要，并不是要他去鼓动人们过毫无意义的生活，而是因为当一个重要的决定是以一个众所周知的真理为依据时，有必要以富有说服力的方式把这个真理表达出来。人们之所以从事哲学的研究，并不是为了以来自出身门第的特权自慰，而是为了使一个崇尚理性的国家里的官员们能够称职。

只有在自由的国家中，人们才能把行动的天才同思想的天才结合起来。在旧统治下，人们但愿一个人有文学才华就意味着缺乏政治才干。在一个人没有登上重要的岗位以前，他的治国才能是不可能明显地表现出来的，而那些平庸之辈却热衷于要人们相信，只有他们那号人才具有这样的才能，而为了说明他们有这样的才能，他们以具有他们实际上并不具备的品质相标榜；政治热情他们没有，政治思想他们一窍不通，政治成就他们予以鄙视，而他们竟把这些作为他们具有政治才能的证据！

"自由、德行、荣誉、知识——人的自然尊严这个庄严的行列，这些相互关联而同出一源的概念是不能孤立存在的。其中任何一项都从各项的总和中得到补充。"① 乐于把人类的命运与神圣的思想联系起来的人们，把这个整体，把一切善的事物的这个亲密关联，看成是指导这个世界的统一精神和统一观念的又一明证。

文学的进步，也就是思维和表达的艺术的完善，是确立自由和保持自由所必需的条件。在一个全体公民对政府的行动都起着直接作用的国度里，知识显然更加必不可少。在一个民主的国家里，应该经常警惕，不要让赢得民心的愿望引导人们去模仿庸俗的风尚，否则，人们就会认为没有必要使自己比所要争取的群众远为高超，甚至认为这是一件有害的事情。人民也就会习惯于挑选无知而粗俗的官员，这样的官员就会扼杀知识，而知识的沦丧将不可避免地导致人民陷入被奴役的境地。

在一个自由的国度里，统治者不可能不获得他所统治的公民的真正同意而享有权威。论理和雄辩术是共和制国家中的天然纽带，因为，只有深入人心、启迪人智的语言，才能对人们产生影响。文学艺术正是因这种需要而发展起来。在自由的国度里，新的典章制度必然产生新的精神，但是人们还应该看到，要移风易俗、克服陈腐的偏见，唯有文学的发展才能做到。

斯塔尔夫人针对拿破仑的军事独裁写道："在法国革命中，人们常说，为了确立自由就得建立专制政体。这是用几个字把意思相反的东西生拉硬拽地凑成一个句子，这样一个句子丝毫不能改变事实的真相。用武力建立起来的制度尽可以模仿自由政体中的一切，但学不了自由在自由政

---

① 斯塔尔夫人：《论文学》，第 22 页。

体中那种自然而然的运行。在那样一些制度中，各种形式可能与在自由政体中的形式惊人的相似：你什么都能找着，可就是找不到生机勃勃的气息。"①

斯塔尔夫人在《论德意志》一书中称，歌德可以代表整个德国文学，是唯一能把全部德意志精神的特点荟聚于一身的人。然而，崇拜拿破仑的歌德却对像斯塔尔夫人这样的法国人不惜一切地争取自由感到不理解。他这样说："自由是一种奇怪的东西。每个人都有足够的自由，只要他知足。如果我们不会用它，多余的自由有什么用？"

一个人如果只要有足够的自由来过健康的生活，进行他本行工作，这就够了。这是每个人都很容易办得到的。人们只能在某种条件下享受自由，只要市民遵守上帝给他的出身地位所规定的界限，那市民与贵族是同样自由的。只要贵族在宫廷上遵守某些礼仪，就可以自觉是与国王平等的，和国王一样自由。"自由不在于不承认任何比我们地位高的人物，而在于尊敬本来比我们高的人物。因为尊敬他，我们就把自己提高到他的地位；承认他，我们就表明自己心胸中有高贵品质，配得上和高贵人物平等。"②

这种贵族式的自由观，在经历启蒙运动和大革命洗礼的法国思想家和文学家中，是难找到的。

---

① 斯塔尔夫人：《论文学》，第 27 页。
② 《歌德谈话录》，人民文学出版社 1978 年版，第 109 页。

12

睡帽里的骚动

　　　　自由是上帝的礼物。①

　　　　　　　　　　　　　　——伏尔泰

　　伏尔泰到普鲁士时，伊曼努尔·康德只不过是个二十五、六岁的青年，他一生没有离开过哥尼斯堡，伏尔泰也没有机会到那座东普鲁士的中心城市旅行，这两位思想大师没有见过面，确是传记作家感到的一件憾事。康德当时是伏尔泰学说的崇拜者，他非常喜欢读《咏里斯的灾难》和《老实人》。伏尔泰曾说过，上天曾给予人两件东西，希望和梦，来减轻其苦难的遭遇。康德补充道，笑也应列入其中，伏尔泰的嬉笑怒骂、幽默和讽刺，是揭露德国现实生活的有力武器。

　　法国革命对德国整整一代知识分子都有极好的教益，莱辛、席勒、歌德、谢林、费希特、黑格尔、叔本华、尼采、马克思、恩格斯、海涅等伟大思想家都是吮吸着法兰西革命的乳汁长大的，都是在自由女神的授意和指引下行进的。他们的思想与法兰西革命有着千丝万缕的联系。

　　1792 年夏天，歌德怀着想要亲自看一看法国革命的迫切心情，随奥地利和普鲁士联军开赴法国前线，在《随军征法记》中叙述了他的感想。联军被法国革命军队打败了，"当夜幕降临时，我们偶然围成了一个圆圈，在中间不能像往常那样燃起篝火，大多数人缄默不语，一些人在聊天，但每个人都无法审度、判断。终于有人喊起我来，问我是怎样想的，因为我通常在这群人中间总要说些隽语格言，

<hr>

① 《伏尔泰致爱尔维修的信》，路易·莫兰编：《伏尔泰全集》法文版，第42 卷，第 207 页。

使他们愉快高兴，这次我说：'此时此地开始了世界历史的一个崭新的时代，而你们可以说，你们是目击者。'"

但是在恐怖时期以后，歌德像大多数德国思想家一样，改变了原初的那种兴奋、狂热的态度，他对爱克曼说过："说我不能做法国革命的朋友，这倒是真话，因为它的恐怖行动离我太近，每日每时都引起我的震惊，而它的有益后果当时还看不出来。"此外，当时德国人企图人为地把那些在法国出于必要而发生的场面搬到德国来，那是使人不能无动于衷的，因为只有植根于本土、出自本国一般需要、而不是猴子式摹仿外国的东西，才是好的。

他又补充说："但是我也不是专制统治的朋友。我完全相信，任何一次大革命都不能归咎于人民，而只能归咎于政府。"只要政府办事经常公正和保持警惕，及时采取改良措施来预防革命，不要苟且因循，拖延到非受制于下面来的压力不可，革命就决不会发生。

与歌德类似，康德也从法国汲取许多思想养料。除了伏尔泰外，对康德影响最大的是卢梭，他读过卢梭的主要著作，并把朋友送的卢梭的画像悬挂在书房的墙上。他把卢梭比作第二个牛顿，牛顿在自然界发现秩序和规则，用简单原理联系自然界的一切现象，卢梭则在纷繁驳杂的人类中，首先发现人类隐遁的天性和秘密的原理，用它可以证明人生宇宙的真义。如果说康德是借助牛顿公理来洞察无垠的星际，那么卢梭的独特见解则帮助他去窥探人类心灵的奥秘。

卢梭认为，文明败坏了人类，对人类而言，纯粹的自然状态早已是失去了的天堂，人们完全不能再回到那种状态，而只能尽可能地接近它。卢梭相信人类有完善化的可能性，这种乐观态度是 18 世纪启蒙思想家的共同特点。康德受卢梭的影响，重视人所共有的普遍尊严，但是对人类普遍尊严的看法却与卢梭不同。卢梭认为，人类尊严在于人类的自然存在，存在于已被给予的东西之中；康德则认为，人类尊严在于人类的本质，但这种本质并不是已被给予的原有状态，而是在被给予的东西之外产生的，人类的本质并不在现实中，而是在理想之中。

哲学不是别的，不是科学知识，只是比知识更高的关于人的道德实践，这才是形而上学的本体。人的信仰和尊严不在于他有理智、知识，而在于他能不受自然欲求的束缚去追求自己所设立的目标，人有民主的权利和道德的自由，这种道德是常人现实地具有的。正是卢梭使康德看到对人本身尊严和权利的信念便可以成为新的形而上学的根基，而无需神学和宗教，因为人本身便是目的。

康德哲学是法国革命的德国理论。康德哲学既反映了德国落后的社会阶级面貌，又表现了法国资产阶级大革命的时代精神。康德哲学是法国政治革命的德国思想升华。康德的代表作《纯粹理性批判》出版于法国大革命之前，但是它同样表现了那个资产阶级革命时代的一些重大课题。康德的世界观，是在那激发法国革命的同一思潮影响下最终形成的。他在思想上强调："勇敢地使用你自己的理智吧，这就是启蒙的格言"；"人的理性的公开使用应该经常是自由的。"他赞同美国独立战争，对法国革命也表同情。在《学科间的纷争》一文中，他对法国革命大加赞美："在我们眼前进行着的赋有天才的人民的革命，可能成功，也可能失败，可能会充满灾难和暴行，以致使思想健全的人即使想到它会带来美满结局也不会下决心再开始一次如此代价高昂的试验，——但是，我要说，这个革命在所有目击者的心中都会受到……一种近似于热情的同情。"因为这

康德素描

是在为争取被践踏了的人民权利而斗争。许多人在革命中无私地牺牲，在康德看来，这表现了人类种族具有趋向于理想的道德素质，标志着人类历史、道德的不断进步。他把法国革命看作是道德原则的外在实现。

康德是暴政的坚决反对者。他只是担心使用暴力反对暴政会动摇法意识并导致更残忍的暴政。暴君是应该推翻的，但只能用合法手段。人民对国家元首有着不可剥夺的权利，但是这些权利是非强制的。改变有缺陷的政治制度，只有通过立法者自己的改革，而不能通过人民的革命。总之，康德的政治立场是，向往共和，反对专制，主张改良，反对革命。恩格斯对整个德国古典哲学的状况做了恰当的概括："正像 18 世纪的法国一样，在 19 世纪的德国，哲学革命也作了政治变革的前导。但是这两个哲学革命看起来是多么地不同啊！法国人同一切官方科学，同教会，常常也同国家进行公开的斗争；他们的著作要到国外，拿到荷兰或英国去印刷，而他们本人则随时准备着进巴士底狱。反之，德国人是一些教授，是一些由国家任命的青年的导师；他们的著作是公认的教科书。"[1]

康德的道德律令之一是："人，事实上一切有理性者，所以存在，是由于自身是目的，而不是只供这个或那个意志任意利用的工具。"人作为感性血肉的动物，只有相对价值，但人作为理性者的存在，本身就是目的。"人是目的"是一种普遍有效适用于任何经验条件的先验原理，即道德律令。物品有价格，人只有人格，他不能因对谁有用而获得价格。人作为自然存在，并不比动物优越，也并不比动

---

① 《费尔巴哈与德国古典哲学的终结》，《马克思恩格斯选集》第 4 卷第 210 页。

物有更高价值可言，但人作为本体的存在，作为道德的主体，是超越一切价格的。人的价值不是用利害功用所能计算和估价的，任何物质财富、珍宝贵器都不能与人的存在相比拟。康德强调应该摈弃功利的态度去看待人的价值。

"你必须这样行为，做到无论是你自己或别的什么人，你始终把人当目的，永远不把人只当作工具。"人是目的不是工具，就是表明人作为理性的存在，作为目的的存在，他们是自由的；意志自律或理性给自己立法，就是人的自由。

人是目的，不是工具，这也体现了人的尊严。凡是应付人类的一般爱好和需要的东西都有买卖价值，凡是没有一定的需要但可满足某种爱好的东西都有赏玩价值。在目的的王国中，每种东西不是有价值，就是有尊严，凡是有价值的，都可以用别的等值的东西代替；任何高于一切价值，因而没有等值的东西的，就有尊严。只有在道德这个条件下，理性者才能成为目的，正因此，这样具有道德的人格才是有尊严的。劳动的技巧和勤勉有买卖的价值，语妙、活泼的想象和风趣有赏玩的价值，唯有信守践诺，为主义而慈惠，才体现人的尊严。

"人是目的"，这个纯粹理性的道德律令，具有人权、民主、自由的实质内容，反映了法国资产阶级革命时代的课题和德国资产阶级的进步呼声，康德打出作为目的的"人"的旗号，是向封建主义争取"独立"、"自由"、"平等"的呼声。"人是目的"这个道德律令，实际上是法国大革命《人权宣言》在理论上的高度抽象、概括和浓缩。"人是目的"，这句简洁、响亮的道德律令，是对法国启蒙运动和法国大革命基本原理的全面总结，它既体现了自由思想家和革命者反对封建专制统治、呼吁人的解放的要求，也反映了革命中和革命后的一些思想家，如伯克、潘恩、雪莱、葛德文、圣西门、斯塔尔夫人等对革命的暴力和恐怖的批判；既反映了罗伯斯比尔等人把自由建立在道德纯洁性上的要求，也是对功利主义自由思想家以追求人的最大幸福为目标的思想的扬弃。

康德认为，一个外在的权利的概念，一般说来，全部都是由人们彼此之间的外在关系中的自由的概念所产生出来的，并且它是和一切人自然而然产生的志在求幸福的目的，以及和为了达到这目的而采取的手段之规定，都是毫无关系的。权利是把每一个人的自由限制在个人自由与个人自由之间达到调和境界的条件上的，只要每一个人的自由能依照一个普遍法则，则这境界便可以达到。因此，凡自由受到其他人的专制与蛮横的限制，我们都叫作约束和限制，所以，公民的宪法乃是自由人们的一个关系，而自由的人类，的确是受约束法则支配的，当然并不妨碍他们与别人结合的自由。

公民的合法状态是先验地建立在三个原则上的，其中之一是："社会中的每一分子，作为人都是自由的。"没有人能够强迫别人，硬要别人认为他的方式才是幸福的，而是每一个人都可以在他本人认为是好的道路上去寻找自己的幸福，只要他并不损害别人追求一个相似目的的自由就行了；别人的这种自由，依照一个可能的一般法则，是能够和每一个人的自由并存的，所以只要他不破坏别人的这个权利就行了。

如果一个政府是在对人民有好感的、就如同一个父亲对自己的孩子们抱有好感的这个原则上建立起来的，那么，这就是一个慈父般的政府，在这种类型的政治制度中，臣民们就如同未成年的、不能够区别对自己说来什么是真正有益或有害的孩子们那样，他们之所以感到需要单纯被动和消极地去处世和应付环境，是因为他们不管自己应该是如何幸福，他们仅指望着国家首脑的判断，仅指望着国家首脑的善良和慈悲。这样的政体是专制主义的，它废除了臣民的一切自由的宪法，臣民也没有丝毫的权利。

康德明确反对这种爱民如子的统治，反对封建专制。他主张强制与自由的完全一致，公民的自由是有约束的自由，只有服从集体意志和体现这种意志的法，个人才能获得真正的自由。同时，他又认为，自由与幸福没有必然联系，自由不是建立在功利基础上的，而是有其自身的理性根源。自由、平等、独立是具有普遍必然性的，因而不能还原为经验的幸福。自由可以获得幸福，但并不来自幸福，不能说自由很少的国家，人们就不幸福。

康德也主张思想自由和言论、出版自由。他在《纯粹理性批判》中指出："让每一个思想家遵循他自己的思想轨迹吧；如果他表现出了天才，如果他言之有理地提出了意义深远的思想，一句话，如果他表现出他掌握了有力的论据的话，那么，理性永远是获胜者。如果你求助于其他手段；如果你试图压制理性；如果你高声反对人性；如果你激发起了大众的情感，而这情感既不能理解，也不同情你的如此浅薄的思想，那么，你将使自己置于滑稽的境地。"思想自由是理性的要求；思想的正确与否，只能由理性加以评判，其他任何方法都是对自由的侵犯，对理性的践踏。

言论和出版自由是公民不可剥夺的权利，公民有对政府提出批评的自由。"国家公民经国王的准许同时应该有权利就国王命令中那些在他看来是对社会不公正的地方公开发表自己的意见……出版自由是对人民权利的唯一保障。"

康德的自由思想与他的其他思想一样，反映了德国思想家的两面性，他所希望的是言论的自由，而不是造反的自由；思想的自由，而不是行动的自由；资产阶级投票的自由，而不是暴力革命的自由；作为臣民，必须服从，作为学者，可以批评的自由。

海涅对康德在思想领域的革命给予很高评价："和我们德国人比起来你们法国人是温顺的，和有节制的。你们至多只能够杀死一个国王，而且这个人在你们砍掉他的头以前早已失去头脑了。而这时你们还必须如此敲锣打鼓，高声呐喊，手舞足蹈，以致于使这事震撼了整个世界。如果人们把罗伯斯比尔和康德相比较，那么，人们对马克西米利安·罗伯斯比尔的确给予了过多的荣誉……康德引起这次巨大的精神运动……是现在已经渗入于一切科学之中的批判精神。"[①]

法国革命与德国革命不同，正如歌德所生动地描绘的那样，在法国，观念立刻就能转变成行动，因此人们都很实际地注重现实世界的事务。而在德国，自由只是在理论方面得到了发挥，在头脑里面和头脑上面发生了各式各样的骚动；但德国人的头脑，却仍然可以很安静地戴着它的睡帽坐在那里，让思维自由地在它自己的内部进行活动。

---

① 亨利希·海涅：《论德国宗教和哲学的历史》，商务印书馆 1974 年版，第 101、114 页。

20

漫游在精神世界

　　　　自由是精神的唯一真理，这便是思辨哲学
　　的结论。

　　　　　　　　　　　　　　　　——黑格尔

　　黑格尔与我们已经看到的那些思想家一样，他们之所以伟大，是因为他们得天独厚地生活在以法国革命为中心的暴风骤雨的时代。黑格尔自己讲得好："每个人都是他那时代的产儿。哲学也是这样，它是被它把握在思想中的它的时代。"他们生逢其时，又能恰当地把握和驾驭时代，这是他们有别于平庸之辈的地方。

　　法国大革命爆发时，黑格尔是杜宾根大学神学院的学生，他对这一伟大的历史事件感到欢欣鼓舞，为庆祝法国革命的胜利，星期天早晨，他与谢林、荷尔德林等一帮青年学生结伴到城郊，按照法国革命者的样子，种植了一棵自由之树。

黑格尔

　　黑格尔在他后来的著作，如《精神现象学》、《哲学史讲演录》、《历史哲学》和《法哲学》中，高度评价了法国革命，把法国革命看作是合乎规律的现象，是历史必然性的表现。革命是连续性的合乎规律的中断，是社会发展中的质的飞跃。他兴奋地说："我们这个时代是一个新时期的降生和过渡的时代。人的精神已经跟他旧日的生活与观念世界决裂，使旧日的一切葬入于过去而着手进行他的自我改造。"[①] 他认为，现存世界里充满了的那种粗率和无聊，以及对某种未知的东西的那种模模糊糊若有所感，都预示着有什么别的东西正在到来。可是这种逐渐的、并未改变

───────────

① 　黑格尔：《精神现象学》，商务印书馆1979年版，上卷，第6—7页。

整个面貌的颓毁败坏，突然为日出所中断，升起的太阳就如闪电般一下子建立起了新世界的形相。

法国革命是由各种成见的顽梗不化、傲慢、轻率、贪婪逼出来的；封建特权是违反理性的，而具有反封建特权性质的法国革命是完全合理的。正基于这种认识，黑格尔对法国革命始终一贯地保持着热烈的同情态度，他晚年成为普鲁士官方哲学家后，每年 7 月 14 日，也就是在攻克巴士底狱纪念日，都要举杯向革命致敬。他写道："这是一个光辉灿烂的黎明。一切有思想的存在，都分享到了这个新纪元的欢欣。"

总之，黑格尔的思想是由法国革命及其进程对它产生的影响铸成的。

黑格尔对雅各宾专政的恐怖政策持否定态度，认为它是否定性行动，是制造毁灭的狂暴。但是他并没有因此否定大革命，在他看来，法国革命是以破坏的方式对待本身已经破坏了的东西。恐怖固然可恶，然而一种可怖的强力维持着国家，维持着一般整体，就其构成和维持国家作为这一现实个体而言，暴力是必要的和正当的。"普遍的东西以老爷、暴君和赤裸裸的暴力的姿态反对那些想要绝对地确立自己的直接意志的单一的东西，因为它是同单一的东西格格不入的，而知道自己是什么的国家政权，应该在整体的存在受到损害的每一必要场合都具有勇气，应该极其残暴地行事。"① 革命者踩坏了某些无辜的花朵，革命者在他前进的道路上必须摧毁某些东西。

贝多芬曾打算把他的第三交响曲献给拿破仑；歌德在

① 黑格尔：《耶拿实在哲学》，拉松编《黑格尔全集》，1932 年莱比锡德文版，第 20 卷，第 247 页。

拿破仑加冕做皇帝后，仍力求谒见这位伟人，他对拿破仑称赞他的《少年维特之烦恼》感到异常兴奋。对拿破仑的英雄崇拜在当时德国知识分子中相当普遍，黑格尔也不例外，1806 年法军占领耶拿，黑格尔夹着他的《精神现象学》手稿，逃出家门。傍晚，当拿破仑进入耶拿城时，黑格尔从远处朦胧地看到他心目中的英雄，情不自禁地告诉他的朋友：“我看到了皇帝，这个世界灵魂，当时他正骑马在城里视察；——真的，当你看到这样一个人们所瞩目的，骑在马背上的，同时是统治和支配世界的人物时，你会感到惊讶的。”

对于法、德两国大资产阶级来说，这位“马背上的绝对精神”，是他们的真正代表，是革命成果的保卫者。他的军队对西欧各国的征服，是把法国革命的原则传播到这些国家，给这些民族带来解放的福音。黑格尔对拿破仑的失败深感痛心，认为这是天下最悲惨的事件，1822 年黑格尔到布鲁塞尔旅行，专程去郊外的滑铁卢，凭吊和缅怀拿破仑。

法国革命在欧洲政治史和学术史上都划了一道大的分界线。革命的暴力和恐怖主义，以及它以对小国的帝国主义进攻而告终，所有这些引起了对革命的反动，甚至在那些起初曾以满腔热忱信仰人权的人的心目中也引起了对它的反感。黑格尔赞同并接受法国革命的结果，但他对革命学说的个人主义思想持绝对不同的政见。他同他身后的许多德国人一样，把个人主义解释为对利己主义进行似是而非的美化，解释为个人的任性。

自由主义者认为，法国革命是人的权利对法国君主制那种不负责或独裁强权的胜利，它的千古不湮的成就就是个人自由，是在被治理者同意条件下成立政府，是保障国民、法律上自由的宪法约制，以及官员对全国选民的责任制。而从黑格尔的观点来看，上述成就有些是枝节性的，有些是有害的幻想。革命的建设性成果是民族国家的完善，这是君主制建立起对贵族、城市、各个等级以及中世纪各种封建制的统治之后这一过程的直接继续。革命只不过是扫除了封建主义的残余。无论是社会还是国家都不能说成仅仅是依靠个人的同意，它们深深扎根于构成个人自我实现的需要与满足的整个结构之中。一切人类的最高需要是参与的需要，即要求成为比私人欲望和满足更高的事业和宗旨的组成部分。革命哲学的基本错误是抽象地讲个人主义，在个人主义假设的基础上树立起纸面上的宪法和政治程序。

用黑格尔的话来讲，国家是在人类意志和它的自由的外在表现中的精神观念。因此，个人意志的规定通过国家达到其客观实在，而且通过国家达到它的真理和现实化。国家是现实的一种形式，个人在它当中拥有并且享有他的自由，但是有一个条件，他必须承认、相信、并且情愿承受那种为全体所共同的东西。

自由是黑格尔生活的那个资产阶级革命时代的口号和旗帜，自由观念以空前的深度和广度在欧洲诸民族国家传播。黑格尔认为，对自由的认识仍没有结束，还处于过程之中；只有在认识自由和实现自由的进程中才能真正认识自由和实现自由。

人类历史就是自由观念产生、展开和实现的历史。在精神的运动过程中，法国革命及其自由意识是一个不可缺少的环节，法国革命及其表现的自由观作为一种特定的意识形态，意味着精神从实体走向主体。黑格尔是从近代欧洲出现的变革观察和评论法国大革命的自由观的。在这个变革的时代之前直接是中世纪欧洲，在那里，人和现实世界是分离的，人自己也是分离的，个人更谈不上什么个人自由，因为那是一个二元化的世界，此岸和彼岸的对立支配着一切，这一不可调和的矛盾，导致了对自己的否定。到近代，出现的是另一种倾向，人不再单纯昂首向天，而转向了尘世，个人争取现世的生活，克服内心的对立，以主体姿态出现于世界，按自己的意向和见识对待一切。这无疑是一次划时代的变革，法国革命所表现的那种自由是这一变革的继续和发展。法国革命和雅各宾专政虽然没有实现一切人的政治自由和社会自由，更没有实现那种抽象的、否定一切的自由，但历史还是通过这种绝对自由前进的。

在意识的发展过程，法国革命及其自由是属于绝对自由阶段，它们虽具有必然性，仍不够完美，尚需扬弃，进入新的阶段。这些便体现在黑格尔的国家理论中，他认为，在近代国家中，从某种意义上说，所有人都是自由的，在人们为国家服务的过程中，他们能够找到自我实现的理想的最高形式。在国家中，消极的自我意志的自由为公民身份的真正自由所取代。个人只有在致力于为国家服务的情况下，才能获得道德的尊严和自由。

黑格尔在这里批判了天赋人权说。他指出："人类天性上是自由的这句话，在一种意义上是不错的，就是说，依照他的概念，也就是依照他的使命，他是自由的……当我们说人类'天性上是自由的'的时候，这话包括他的使命，而且还有他的生存的方式。这话是指他的纯属天然的和原始的状况而言。在这种意义里是假定了一种'天然状态'，在这状态中，全人类拥有他们的天然权利，得以无约束地行使和享有他们的自由。这个假定，的确并没有以历史事实的尊严自居……很难指出实际上真有、或者曾经发生过这类状况。"①

同样，如果把自由解释成一个国家内，每件事的安排都需得到每个人的同意，任何法律不经全体同意就不能有效，这样做是行不通的。"在今天，一个国家民族的宪法不完全以自由的选择为依据……共和政体的宪法虽然是良好的，并不能在一切环境下实现。"②

黑格尔并不是拥护专制主义，他认为专制主义的本质就在于无法可依。他主张在德国实行君主立宪制，这种自由的立宪政府，其本质就在于排除无法状态。黑格尔在《精神哲学》第二章第 539 节中指出："宪法，是存在的正义，是在它的一切合理的条款之中所展示的自由之现实。"政治自由是表明，个人通过意愿和行动正式参与国家与公共的事务，唯有实行这种措施的国家才可称为有宪法的。但是，政治自由并不是人们愉快地追求某些特殊的兴趣，而不要一切限制，如果如此，就会使自由处于贪得无厌的虚荣、刚愎自用、自大自尊、任性不羁、自我作乐的污染之下。

虽然黑格尔从发展和历史的观点着眼，承认放任是观念演进的一个环节，放任主义是社会发展必不可少的阶段，但是他本人把自由与放任和任性明确地区别开来。"当我们听说，自由就是指可以为所欲为，我们只能把这种看法认为完全缺乏思想教养，它对于什么是绝对自由的意志、法、伦理等等，毫无所知。"③ 每个人都有自己的意志，都可以做他想做的事，从形式上讲，这种自在性是无限的，但是

---

① 黑格尔：《历史哲学》，三联书店 1956 年版，第 80 页。
② 黑格尔：《历史哲学》，第 85 页。
③ 黑格尔：《法哲学原理》，商务印书馆 1961 年版，第 25 – 26 页。

从内容上看，它又是不自由的。人们在为所欲为时就信以为自己是自由的，但他的不自由恰恰就在任性之中。因为一个人的任性必然与另一个人的任性相矛盾。

黑格尔受卢梭影响的另一个地方是他对公共舆论的看法。"个人所享有的形式的主观自由在于，对普遍事务具有他特有的判断、意见和建议，并予以表达。这种自由，集合地表现为我们所称的公共舆论。"① 公共舆论是人民表达他们意志和意见的无机方式，它不仅包含着现实世界的真正需要和正确趋向，而且包含着永恒的实体性的正义原则，以及整个国家制度、立法和国家普遍情况的真实内容和结果。

公共舆论值得重视，又可不屑一顾。不屑一顾的是它的具体意识和具体表达，因为其中必然有错误；值得重视的是在那具体表达中隐隐约约地映现着的本质，也可以理解为一种普遍的东西。公共舆论中有一切可能存在的错误和真理，而它本身又没有甄别的标准，因此，找出其中的真理乃是伟大人物的事情。谁道出了他那个时代的意志，把它告诉他那个时代并使之实现，他就是那个时代的伟大人物。他所做的是时代的内心东西和本质，他使时代现实化。谁在这里和那里听到了公共舆论而不懂得去藐视它，谁就决做不出伟大的事业来。这也许就是黑格尔对轰轰烈烈的法国大革命的最深感受吧！

既然如此，公民应该享有言论自由。"现代世界的原则要求每一个人所应承认的东西，对他显示为某种有权得到承认的东西。此外，每一个人还愿意参加讨论和审议。如果他尽了他的职责，就是说，发表了他的意见，他的主观

---

① 黑格尔：《法哲学原理》，第 331 – 332 页。

性就得到了满足，从而他会尽量容忍。在法国，一直显得言论自由要比默不作声危险性少得多，因为后面一种情形，怕的是人们会把对事物的反对意见扼在心头，至于论争则可使他们有一个出口，而得到一方面的满足，何况它又可使事物更容易沿着本身的道路向前推进。"①

但是，言论自由并不是无限制的。黑格尔在谈到出版自由时指出，正如有人把自由看作是要做什么就做什么一样，有人把出版自由看成是要说就说，要写就写的自由，这种说法表明思想完全未经教化，还是粗鲁的和肤浅的。言论自由的限度在于它不以损害他人自由。损害个人名誉、诽谤、诟骂、侮辱政府和官吏，嘲弄法律，唆使叛乱等，都是不同程度的犯罪。黑格尔建议，应该给言论更多的自由，因为言论与出版相比，更不足为患。

自然法学说和天赋人权说，经过卢梭、休谟、伯克和黑格尔的分析和批判，到 19 世纪初，在理论上已经衰落了，但是自洛克以来，英法启蒙思想家所阐述的、在美国独立战争和法国大革命中得到实际运用的那些原则，却在黑格尔之后的欧洲诸国的政治实践得到广泛的实现。自由的原则，不论其理论根据是什么，不论哲学家们用什么学说来论证它，不论它运用在哪种政治制度中，都显示出它的重要性。

① 黑格尔：《法哲学原理》，第 334 页。

自由与权利

　　　　宁愿做失意的苏格拉底，也不愿当如意的
　　傻瓜。

　　　　　　　　　　　　　　　　　　——密尔

　　黑格尔哲学是令人讨厌的，这不仅是因为它作为普鲁士官方哲学，带有更多的保守倾向，而且它的晦涩、暧昧、故弄玄虚的形式，使读者难品尝，甚至叫人倒胃口。黑格尔如果明智的话，他本不必去创立那么大的、包罗万象的体系，如果他写完《精神现象学》之后，再写一些简单、明快的文章解释或补充自己的思想，那么，他在后人的眼里，或许能成为更伟大的思想家。不过，话说回来，黑格尔享受的荣誉已够多了，但是其原因主要不在于他的思想内容有什么划时代的贡献，他和亚里士多德一样，不过是集大成者；主要是由于他身后有一批做出重要贡献的人，在早年曾误入他设下的陷阱，误入泥潭。

　　由于自然法学说和天赋人权论的衰落，19 世纪的自由主义趋于温和，思想家和理论家更多地以务实的和现实的态度对待自由主义。政治上的自由主义影响到整个欧洲，引起一系列变革。在德国，自由主义哲学绝大部分仍停留在学术研究中，并未像法国那样深入到民众的思想里，但自由主义的价值准则在德国司法制度中得到实现，初步提出了保障财产和一定程度的自由。在英国，随着产业革命的发展，除了资产阶级巩固了他们的政治权利外，工人阶级逐渐成熟起来，独立走上政治舞台，赢得了一部分政治权利。

　　在这种形势下，资产阶级的自由主义有了新的转变，一方面，它继承了英、法革命时代的个人主义，另一方面，它也注意社会和公共利益；既维护个人主义所坚持的政治自由和公民自由权，又注意调整自己的理论，使强调社会公益趋向的国家主义、民族主义和社会主义诸学说与自由主义相一致。在这个方面最有代表性的是约翰·斯图亚特·密尔的自由主义思想。

密尔受功利主义思想家边沁的影响很大，边沁主张："正确和错误的尺度是最大多数人的最大幸福"，一切政治或伦理的行动都应以这个最大幸福原则为基础。密尔认为，追求自己的最大快乐是个人的唯一动机，而所有人的最大幸福是社会利益的标准和一切道德行为的目的。他事实上放弃了利己主义，把社会福利看成是自由主义的固有属性。

1859 年，密尔写了《论自由》一书，对他的以功利主义为基础的自由主义做了全面的阐释。

密尔首先提到法国革命，他承认人民反对君主专制和贵族专制斗争的合理性，拥护民主共和国，但是他批评了那种认为人民无须限制自己施用权力的观念，提醒读者要谨防"多数人的暴虐"。他提出的自由的基本原则是："人类之所以有理有权可以个别地或集体地对其中任何分子的行动自由进行干涉，唯一的目的只是自我防卫。这就是说，对于文明群体中的任何一个成员，所以能够施用一种权力以反其意志而不失为正当，唯一的目的只是要防止对他人的危害……任何人的行为，只有涉及他人的那部分才须对社会负责。在仅只涉及本人的那部分，他的独立性在权利上则是绝对的。对于他本人，对于他自己的身和心，个人乃是最高主权者。"①

自由至少应包括下列三个方面：第一，良心自由、思

① 密尔：《论自由》，商务印书馆 1959 年版，第 10 页。

想自由，在科学、道德和神学等一切题目上，实践或思考的绝对自由。第二，趣味和志趣的自由，人们有依照自己的性格规定生活计划的自由，只要无害于他人，哪怕是愚蠢、荒谬、错误的选择，我们也有做自己所喜欢的事情的自由。第三，只要不是出于被迫或受骗，只要不以侵害他人为目的，成年人有相互联合的自由。

任何一个社会，不论其政府形式如何，只要人们可以在不试图剥夺他人同样权利和努力的前提下，能够有按照自己的道路去追求其利益的自由，这样的社会才是真正的自由社会，这样的自由才是名副其实的自由。

言论自由是人的不可剥夺的权利，实行言论自由的政策对社会是有利的。人们的言论中必然会有正确的和错误的。如果一个意见对持这个意见的人本身外别无价值，这个意见纵然有误，也只是对他个人有害。如果这个意见涉及社会利益，而不让它表达出来，那么，倘若它是对的，社会就是失去纠正错误的机会，倘若它是错的，社会也会失去在真理与错误的冲突中使真理更加清楚、给人更生动印象的机会。

世上没有绝对确实的东西。一个时代被认为是正确的东西，常常被后人证明是伪误的和荒谬的。有时恰恰相反，在某一时期提出世人公认为荒谬意见的那些人，历史却无情地证明他们是真正的伟人。既然如此，每个社会都应该允许人们自由地思想，自由地表达自己的意见。

当个人意见与社会舆论发生冲突时，比如苏格拉底的杰出的思想与当时社会舆论发生冲突时，社会应该对少数人采取宽容态度。有的人为不宽容辩护说，既然受迫害的人自信自己坚持的是真理，那么他们以身殉道不是最好的酬报吗？这是正当的状态，因为真理永远战胜迫害嘛！密尔认为，这是一个乐观的错误看法。

苏格拉底被处死了，苏格拉底的哲学则如丽日中天，光辉照遍整个知识长空。基督徒被投饲狮子，基督教会则长成一株堂皇繁茂的大树，高出于那些较老而较少生气的生长物，并以其覆荫窒抑着它们。尽管如此，不宽容给人们带来的却是精神迫害，使人不敢讲出自己的真实意见。

在精神奴役中，不利于形成伟大的思想家，但是这并不是主要的，在历史上毕竟在每个时期都出现过伟大的思想家。精神奴役的最大危害莫过于，使人民和民族的思想消沉、智力下降、精神怯懦。在精神奴役中，世上许多大有前途、秉性怯弱的知识分子，不敢追随任何勇敢、有生气和独立的思想。密尔疾呼："作为一个思想家应该知道，他的第一个义务就是随其智所之，而不管它会导致什么结论，谁不认识到这一点，谁就不能成为一个伟大的思想家。"[①] 在这个方面，密尔与边沁相比，还不算是彻头彻尾的功利主义者，理想主义的气质还残存在他的思想中。边沁主张，如果能给人们同样的快乐，图画钉也同诗词一样可以供人欣赏。而密尔则坚持"宁愿做失意的苏格拉底，也不愿当如意的傻瓜。"

个人是自由的，那么个人自由与社会利益的关系应该如何调节呢？每个人在社会中应彼此互不损害利益，彼此互不损害在法律的明文中和人们习俗中应当认作权利的某些确定的利益。并且，每个人都应该在为了保卫社会或其成员免于遭受损害而付出的劳动和牺牲中承担应有的一份。

一个人的行为，一旦有害地影响到他人的利益时，社会对他就有裁判权，而每个人都应当享有实行行动而承担

① 密尔：《论自由》，第35页。

其后果的法律上的和社会上的完全自由。侵犯他人的权利，没有正当理由而以两面手段对付他人，盛气凌人，自私自利地不肯保护他人免于损害，这些都是道德上应谴责的对象。人们在社会中生活，大家的经历、兴趣、思维方式各有不同，在情感上也会产生隔阂，我们对我们不喜欢的人只可以表示厌恶，避开他，但是并没有权利把他的生活弄得不舒服。我们所不喜欢的人，只能成为怜悯的对象，不能成为愤怒的对象，我们不应把他当作社会的敌人对待。只要他没有侵害社会利益，我们可以向他指明利害关系，进行规劝，最坏的程度也不过是随他去做。一个人的行为的罪恶后果落在别人身上，或者直接影响到整个社会的利益，那么，社会就有义务保护其成员的利益，对行为者施予报复。"但是如果一个人的行为既没有违反对于公众的任何特定义务，也没有对自己以外的任何人发生什么觉察得到的伤害，而由这种行为产生出来对社会的损害也只属非必然或者可以说是推定的性质，那么，这一点点的不便利，社会为着人类自由的更大利益之故是能够承受的。"①

　　密尔的自由主义还是有一些激进色彩的，与卢梭强调公意、黑格尔强调国家和民族利益至上的观点不同，密尔却坚持不能把多数人的意见强加于少数人。用公众的意见去干涉纯粹私人的行动，是干涉错了地方。在只关个人自身行为的问题上，若把多数人的意见作为法律强加于少数人，往往会犯错误。因此所谓公众的意见，至多也只是社会一部分成员的意见，在纯粹私人事务中，它不应该要求所有人都接受。"一个人坚持其意见的情感和另一个人因他坚持那个意见而感到触怒的情感，这双方之间是毫无相似

---

① 密尔：《论自由》，第89页。

之处的，正和窃贼想偷取一个钱袋而物主想保持那个钱袋这两种欲望毫无相似之处一样。一个人的趣味嗜好同他的意见或钱袋一样，同样是特别关于个人自己的事情。"①

密尔担心，对自由的威胁并不来自政府，而是社会上多数人不能容忍非传统的见解，他们对持不同意见的少数人投以怀疑的目光，以人数上的优势压制和整肃少数人。密尔的这个看法，是对自由原则的发展，是对人权问题最清楚的阐释。人权问题，说穿了，不过是社会中持不同于大多数人意见的那些人，在政治上和生存上的问题。如果一个政府，它的政策与大多数人的意见相左，那这个社会面临的决不是人权问题，而是革命的问题。公意或大多数人的意志决定了一个社会的政治抉择，但是决不能因此而否定少数人的基本权利。

《论自由》一书把这些自由的基本原则，用于研究社会多种现象和问题。

他主张，人们在看到他人的宗教意见与自己的不同、不奉行自己的宗教仪式、特别是不遵守自己的宗教饮食戒律的时候，应该采取宽容态度。各种宗教的规定有差别，这不能成为宗教迫害的理由。对于个人的趣味嗜好和只关己身的事情，公众无须干涉。

在一些社会中，人们普遍对富人追求享受、讲究生活提出非难。密尔认为这也是对私事的过分干涉。安排自己的生活方式纯属私事范围，别人无权指手画脚。

在经济上，密尔主张放任主义，强调贸易自由。既然社会要为人们获得最大的幸福，那商品就要价廉物美，而做到价廉物美，最有效的办法是让生产者和销售者都完全

① 密尔：《论自由》，第 91 页。

自由，以购买者可以随意到处选购的同等自由作为他们的唯一制约。"这就是所谓自由贸易的教义……对贸易的限制以及对以贸易为目的的生产的限制……必是罪恶。"①

防范性措施是否干涉自由呢？这要因情况而定。一个公共权威或者甚至一个私人，如果看到有人显然在准备进行一项犯罪，他们并非只可坐视，而是可以干涉防止。假如毒药的购买或使用是为犯谋杀罪行，此外便无其他目的，那么禁止它的制造和销售就是合法。如果人们看见某人要走上一座不安全的桥梁，而又不听从警告时，他们把他抓回不算侵犯自由，因为自由在于一个人做他所要做的事，而这个人并不要掉到河里。

有些私人行为会产生不良后果，但由于这些恶果只落到行为者本人身上，为了尊重自由，社会就不宜予以防止或惩罚。比如，赌博和卖淫就是如此。在这种事情中，本人可以自由去做的事，他人是否也同样可以自由去劝促或教唆呢？比如，是否要惩罚蓄妓的老鸨和赌场老板呢？有人认为，只要教唆者要从他的敦劝中取得个人自己的利益，就应被视为对社会和国家有害的事而加以处罚。密尔没有明确说明自己的意见，只是指出，倘若这样做，事实上是惩罚从犯，而让主犯逍遥法外，只处治老鸨而不处治嫖客，处治赌场老板而不处治赌徒，这样做是不公正的。

有的人借口为了使劳动阶级能够适于将来许给他们的自由，有必要对他们进行教育，因而公然把他们当作小孩子或野蛮人加以约束。密尔指出，这是任何自由的国家都不会承认的管治劳动阶级的原则。凡是对自由能做出正当评价的人，都不会愿意承受这样的管治。

----

① 密尔：《论自由》，第 103 页。

人们的自由权中没有卖身为奴的权利。自由原则不能要求一个人有不要自由的自由。一个人被允许割让他的自由，这不叫自由。

密尔抱怨道，在欧洲国家，自由往往用错地方，该自由的地方，政府剥夺人们的自由，该限制的地方，人们却滥用自由。"人类对自由的珍重一般总是远远不及对权力的珍重。"① 比如在教育问题上，应该允许学生进行自由讨论，给学生自由判断的权利。考试不是测验意见的真伪，而只是测验事实知识。一个攻读哲学的学生，不论他信奉康德还是洛克，或者二者都不信服，只要他掌握这两个人哲学的知识，就算好学生，而不能把哲学争论、哲学倾向带入考试。

生育和繁殖没有自由。如繁殖过多的人口，就会因人口过多所造成的竞争而降低劳动的报酬，这对一切依劳动报酬维持生计的人们是一个严重的侵犯。人们在自身的自由遭侵犯时，竟很容易屈服，而又不负责地滥用自己的自由。"人类既这样奇怪地尊重自由，又那样奇怪地缺乏对于自由的尊重，我们只要把这两方面比照一下，就可以想象一个人竟享有一种不可少的危害他人的权利，却一点也没有只求自娱而无伤于人的权利。"② 人们多么不幸哪！

密尔的自由主义学说，像康德道德哲学一样，是以人为中心的，是以尊重人为前提的。他受爱尔维修和边沁的功利主义思想影响很大，认为人格的价值不是形而上学的教条，而是在自由社会的实际条件下所要实现的东西。密尔承认政治自由和社会自由的价值，因为自由是造就有责

---

① 密尔：《论自由》，第114页。
② 密尔：《论自由》，第118页。

任感的人的真正条件。好的社会必然容许自由，又能为人们过自由的、幸福的生活提供机会。在密尔的论述中，自由不仅对个人有利，而且对社会也有好处。个人权利与公共利益是密切相联的，个人自由地讨论社会问题，可以推动社会的进步和完善。

《论自由》是资产阶级自由主义理论的总结，它既包括了启蒙运动和法国大革命提出的那些以天赋人权说为前提自由原则，也揉和了在卢梭那里已初步形成、在黑格尔哲学完善化的、以强调社会和国家根本利益为核心的自由主义的某些思想，同时，还反映功利主义者偏重伦理价值的自由思想。密尔自由思想的根本问题在于，他生活在工业社会，却很少涉及这个时期个人自由的迫切问题，即雇佣劳动者的自由问题。

面包与自由

先知巴枯宁，这个没有古兰经的先知的全
部理论知识就是这样。

——马克思

在我们人类几千年文明历史中，曾有无数人为实现他
们自己所认为理想的、合理的、公正的社会，提出过许多
拯救方案，如果就其价值评判标准而言，可以把那些思想
概括为两种精神：个人精神和集体精神。前者重视发挥社
会每个成员个人的积极性，在保障个人才能充分施展的前
提下，最终达到一种合理和公正的关系。后者强调社会全
体成员的合作，协调一致地发展，以形成社会部分成员或
基本成员或全体成员间的公正的关系。这两种精神往往是
在同一条道上竞相疾驰的马车，由于驭手、环境、路况等
主客观条件的变化，它们交替领先，形成各个时代的主流。

法国启蒙运动和法国大革命提出的自由、平等、正义、
博爱、人权、宽容等基本原则，是社会各阶级人民的共同
愿望，也是上述两种精神所追求的共同目标。支配着法国
启蒙运动和法国大革命的主导精神和思潮是个人主义的，
它们的结果实现了资本主义发展所必需的那些条件，从这
个角度讲，它们完成了自己的使命。但是，它们并没有在
社会革命和社会改造中，真正贯彻自由、平等、正义等基
本原则，更确切地讲，它们只使社会部分成员享受到这些
原则的好处。广大下层群众，尤其是随着工业革命发展、
壮大起来的工人阶级，仍过着衣不御寒、食不饱腹的生活，
只是在少数国家获得很少的政治权利，他们最可靠的自由
便是出卖自己劳动力的自由。他们不可避免地会看到，这
不是一个公正的社会，他们如果提出重新调整社会关系的

马克思素描

要求，是完全合理的。1848 年和 1878 年法国两次革命就是这种要求的反映。

于是，集体主义这驾马车又驶在社会潮流的前排，这就是现代社会主义的诞生。现代社会主义是法国启蒙运动和法国大革命的基本原则的延续、引申、运用和发展。19 世纪社会主义有三个主要派别：圣西门、傅立叶和欧文的空想社会主义；马克思和恩格斯的科学社会主义；巴枯宁和克鲁泡特金的无政府社会主义。

无政府主义者可以分为两大类，一类是个人主义者，他们主张尽可能不要社会组织，不要国家；另一类是集体主义者，他们一方面反对国家这个强制机构，同时又深信非强制性的协作制和合作制的优点。马克斯·施蒂纳等属于第一类，巴枯宁、克鲁泡特金等属于第二类，葛德文和蒲鲁东介于二者之间。

米哈伊尔·巴枯宁生于 1814 年，是一个具有温和的自由主义思想的俄国贵族地主的儿子，他用他父亲的钱到柏林和巴黎深造，在那里结识了蒲鲁东和马克思。从此以后，他投身于革命运动，曾被沙皇监禁和流放。他参加了马克思组织的第一国际的活动，是马克思的主要对头之一。1872 年海牙代表大会后，他发起新建了一个秘密的无政府主义国际；四年后，他在贫困中死去。

巴枯宁的社会理论自始至终都是以自由为主题的，他认为，同自由相比，其他所有的政治要求都不值一提。他无情地彻底攻击一切他认为不符合自由的制度，反对与"自由即至善"相悖的各种信仰。他不同意个人主义，对资产阶级自由放任主义鼓吹的各种自由极为鄙视。他自称为社会主义者和自由主义者，认为私有财产和人与人竞争是邪恶的东西。在他的眼中，国家是人为的工具，是某些人为了通过武力或神权的欺骗手段对他人行使权力而制造出来的。他坚决否认卢梭的社会契约论，认为它是捏造历史事实，起了为人压迫人的暴政作辩护的作用。

巴枯宁推崇马克思对社会历史所作的阐述，大体上也同意马克思关于资本主义即将崩溃的论断，但是他与马克思的不同点在于，他强调个人革新者在创造人类历史上的作用。他认为历史的进程不是预先决定的进程，而是人类把实际的发现应用于生活艺术的漫长序列。人是自己的历史的创造者，人越是自由，就越能发现本身的存在和周围世界的真正规律。

宗教是一种对宇宙的原始的看法，而在19世纪，宗教信仰是专制主义国家处心积虑设置的骗局。巴枯宁对宗教深恶痛绝，指责教会是国家的弟弟，其作用是用来分担国家统治者的一部分肮脏工作的。如果人们相信一个至高无上的权威统治着世界，他们便无权反抗，无权享有天赋自由，简言之，在一个由上帝主宰的世界上，人类根本没有享有自由的余地。

因此，一切自由社会必须自下而上地建立起来，一切权力必须来自社会应为之服务的个人的主动意志。

在革命运动的问题上，巴枯宁承认，革命的创造性工作会落在少数杰出人物身上，大多数群众是被动的。但是他坚信，为了个人自由和集体自由，必须反对各种形式的"民主集中制"，因为这种制度往往会使普通人民再一次沦为独裁者或官僚的棋局的小卒，不让他们真正过问政策的制定工作，或不承认他们有权在相当广泛的范围内不受干扰地走自己的路。自由是绝对的，人们不能为了安全放弃自己部分自由。从这个观点来看，我们应该承认，巴枯宁的无政府主义在自由的问题是最为激进的，他的思想不仅

241

与马克思主义相对立，而且与卢梭、黑格尔等人的思想也是对立的。

无政府社会主义或无政府共产主义这个词却不是巴枯宁的创造，而来自另一位俄国革命家克鲁泡特金。

克鲁泡特金1842年出生在莫斯科一个贵族家庭，毕业于彼得堡侍从军官学校。在青年时期深受西欧革命风暴的影响，感染了时髦的自由主义，他曾把尼·奥格辽夫的诗句抄在自己的日记本的扉页上，以表达自己对自由的热爱和渴望。

在我平静而又温顺的少年时代，

在我热情奔放而满怀造反精神的青年时代，

在我接近暮年的成熟时代，

在我整个一生之中，

一个不朽的声音，总响在我的心头：

自由！自由！

克鲁泡特金毕业后，到西伯利亚伊尔库茨克任职，积极从事地理学研究工作，成为著名的地理学家。1872年春，他到瑞士旅行，在革命洪流的冲击下，不久便加入第一国际。随着第一国际的分裂，他加入巴枯宁派的无政府主义组织。他回国后参加民粹派的秘密组织柴可夫斯基团。1874年，因宣传革命被沙皇政府监禁，1876年越狱逃往西欧，先后居于瑞士、法国和英国，直至1917年2月革命后才返回俄国，死于1921年。

克鲁泡特金流亡国外40年中，逐渐成为著名的无政府主义的活动家和理论家，完成了《一个反抗者的话》、《一个革命者的回忆》和《面包与自由》等多部无政府共产主义的经典著作。克鲁泡特金在从事革命现实斗争时，并没有忘记总结法国大革命的历史经验，花了不少时间研究这

《我底自传》书影，柯鲁泡特金

场革命，写下《1789—1793 年法国大革命》一书。他从无政府主义观点出发，认为法国大革命的历史，主要是群众运动的历史，特别是农民斗争的历史，人民是革命的主要动力。这部著作在中国民主革命初期曾有过广泛影响。

面包和自由，这两个词完全体现了无政府共产主义的旗号和基本纲领，即社会主义和自由主义。

克鲁泡特金指出，随着工业革命，文明社会富裕起来，土地得到改良，到处是多汁的蔬菜和甘美的果树；公路和铁路贯穿于丛山峻岭；在高加索和喜马拉雅的空旷峡谷中，也能听见嚣嚣的机器声；大都市勃兴，工业、科学和艺术像一切财富一样都积蓄起来。但是，"遗留给我们的时代以这莫大的财产的，便是那子子孙孙生长死亡于贫苦之中，受着主人的压迫和虐待，被劳役所摧残了的世世代代的人民。"[1] 社会富裕而民众困苦，这就是资本主义的本质表现。

在政治上，资产阶级的自由也是虚伪的，他指出，近代的代议制政体和各种资产阶级的民主自由权利，都是欺骗人民群众的表面文章，其实质不过是资产阶级用来反抗贵族特权和维护自己统治的手段而已。议会选举只是一场可笑的闹剧，"选举的那一天，人类最恶劣、最卑贱的激情，难道会有一种不被利用到吗？欺诈、侮蔑、下贱、虚伪、撒谎，以及隐于人类兽性深处的一切污物，这就是一个国家进入选举时期所能给我们看的美景！"[2]

法庭、裁判官、行刑官、警察、狱吏这一大群人都是为着维持资产阶级特权而设立的。在社会分成两个敌对营垒的状态下，"自由全是空话。那些急进派最初主张政治权

---

① 克鲁泡特金：《面包与自由》（巴金译），商务印书馆 1982 年版，第 38 页。

② 克鲁泡特金：《一个反抗者的话》，上海平明书店 1948 年版，第 189 页。

利的扩大，但是他们不久就明白自由的呼吸会引起无产阶级的向上活动，他便转换了方向，改变了意见，依旧回到压制的立法和残暴专制的政府上去。"① 因此，克鲁泡特金坚决反对任何形式的改良，反对利用议会和其他资产阶级民主权利开展一定的合法斗争。社会革命不是政治上的夺权行动，无政府主义者推翻旧政权不是为了建立一个新政权，而是要摧毁一切政治机构，废除一切权力和法律。

无政府共产主义者所要建立的是"万人安乐"的社会，所要采用的措施是"充公"，一切能够用来创造众人幸福的东西皆归众人所有。这仅是第一步，第二步是消灭国家和一切国家机器。"我们不要忘记所有的革命，多少总含着一点扰乱日常生活的意义；那些希望从旧社会跑到新社会时，甚至于连资产阶级的餐桌上的器皿都不会震动的人，不久会觉悟他们的这种见解是谬误的了。诚然，改换政府的时候，可以不必去搅扰那些正在用午餐的堂堂的绅士，然而社会对于维持养活它的人民所犯的罪恶，决不是由任何政党的把戏所能救济的。"②

在"万人安乐"的社会中，文学、科学和艺术，从资本的桎梏下解放出来，获得自由发展的条件。如果一个人发表了超越自己时代的但十分有益的言论，他不必去找可以供给必要的资本的出版家了。文艺和新闻事业不再是赚钱的利器和掠夺他人的工具，从而摆脱金钱的束缚。到那时，还必然会消除由于城乡对立和职业分工给人们发挥自己才能带来的束缚。要描绘美丽的夕阳，就去从事田园劳动；要了解捕鱼的诗趣，便去尝海上辛苦，与波涛相斗；

---

① 克鲁泡特金：《面包与自由》，第43页。
② 克鲁泡特金：《面包与自由》，第114页。

要认识人的力量，就可以去工场劳动，用熔炉的烈火冶炼金属，感觉到机械里的生命。

在无政府共产主义社会，承认个人的充分自由，不容许任何强权存在，也不强迫任何人劳动。劳动不以工资为目的，而是志愿的劳动。反对派认为，没有强制，民众就不会劳动。克鲁泡特金厌烦地回答说，这种言论已听到过多回。美国解放黑奴前，俄国解放农奴前，都有不少人叫喊，没有鞭笞，奴隶就不会劳动。而事实上，最自由的农夫，工作得最勤苦、最热心。

要是劳动者知道从生到死所等待着他的命运，只是生活在凡庸、贫穷与明日的不安中间，那么，他对于这种沉重郁闷的工作还能有什么兴趣可言呢？安乐，即生理上、艺术上、道德上的欲求之满足，常常是鼓舞劳动者的最有力的东西。做佣工的人虽辛辛苦苦，还难于维系生命，而自由的劳动者知道为着他自己和别人的安宁与奢侈，是与他的努力成正比地增加的，他愈加发挥他的精力与智力，便可得到愈多的生产物。"一个是永远钉在贫穷上面的，另一个却有将来的安宁和奢侈的希望。全部秘密就在这里。因此在一个以万人的安乐为目的的社会，以人人有享受生活的一切表现之可能性为目的的社会中，当然只有志愿的劳动是比在现在的奴隶制、农奴制、工资制的鞭笞下的劳动所生产的物品更多而且更好。"[1] 实现社会革命，废除资本主义的劳动制度，人们才可能得到发挥自己全部才能的自由。这便是无政府共产主义者的结论，也是克鲁泡特金的结论。

不论是蒲鲁东、巴枯宁，还是克鲁泡特金，他们的无

---

[1]　克鲁泡特金：《面包与自由》，第 166 页。

政府主义革命活动都没有取得实质性的成果。俄国十月革命，无政府主义在工人中的影响渐微，已不是一股值得注意的社会主义思潮了。

20 世纪 60 年代，无政府主义在西欧和北美的部分地区又开始复兴。它的复兴反映了人们对工业社会中出现的异化现象的厌恶。M. 珀林指出，现代无政府主义相当广泛，它存在于法国学生运动的口号和旗帜中；存在于纽约市政厅实验室里那些冒着生命危险制造恐怖武器的业余化学爱好者之中；存在于反权力主义的青年左派不同信仰结合的梦幻之中；存在于街头剧场和青年国际党员可笑的大吹大擂之中。

新左派提出要求学生权、黑人权、工人管理、社区管理、妇女自由。它试图提出人类自由概念的新的基础，以重新安排社会关系。

颓废派掀起反文化运动，不修边幅，生活放荡，不遵守传统的和社会公认的家庭生活和性生活的道德与规范。

新公社运动模仿梭罗的样子，在"回到田园"的浪潮下，推动许多青年人和老年人离弃城市，去追求一种自然纯朴和内在的美德。

妇女解放论者要求实现真正的男女平等，要求改变旧的婚姻制度，给妇女以自由。他们认为，性与爱情对女人来说，早已被经济上的从属地位所玷污，以至于一锤子买卖的恋爱和婚姻看上去像是上当和受骗。妇女首先要的是自由。

无政府主义作为一种运动形成已有百余年历史了，它一方面反映了小资产阶级对资本主义种种弊端的不满和憎恨，试图用比较激进的手段，比如，绝对自由、废除国家，来发泄内心的愤慨，因此，无政府主义者曾经对欧洲一些国家革命运动的形成做了准备工作，在一段时间中是有进步意义的。但是另一方面，它又是小资产阶级空想主义的产物，它的绝对自由、废除国家等主张是根本不现实的，绝对自由是不可能的，就是在社会主义社会，人们的自由也必须置于法律的限制之下。要推翻资本主义首先要得到的是阶级的解放，而不是个人的解放，没有无产阶级的解放，便不会有无产者个人的解放。因此要保卫无产阶级革命的成果，便不可能立即废除国家和政府。百余年来无政府主义的发展状况表明此路不通。当马克思主义在一些国家取得相当大的影响后，无政府主义事实上对革命的组织工作有破坏性影响。

现代无政府主义的情况与 19 世纪和 20 世纪初的情况确有不同，其含义也较为广泛，有些人甚至把主张自由放任的经济学派称为资本主义的无政府主义。但是一般来说，在欧美国家，无政府主义与其说是一种政治学说，不如说是一种气质，是一些具有反抗精神的男男女女，企图组织起来去破坏资本主义的社会结构，包括政治的、伦理的、文学艺术的传统结构，他们没有系统的理论，没有持久稳定的阶级队伍，没有明确清晰的斗争目标。对于他们来说，无政府主义意味着一场反对邪恶的斗争，反对社会堕落的战斗，是一种不断造反的精神状态。就像儿童有反抗期一样，无政府主义往往属于一部分西方青年。

现代无政府主义的种种学说，大多不能持久，不断地产生，不断地消失，它存在于过程之中。

23

价值观念的冲突

> 在思想上不自我矛盾的自由主义者并不是
> 无政府主义者。
>
> ——弗里德曼

自由学说在 20 世纪的延续和发展，与前两个世纪相比其特点在于，它研究的重点不再是如何摆脱封建制度而使人得到解放，不再是自由本身的价值是否存在的问题。在现代作家的作品中很难看到有用天赋人权论、自然法学说、功利主义，或其他新的理论论证自由的合理性或价值，自由学说已成为一切主义的既定前提，就连像法西斯主义这样主张专制独裁的理论，也不敢公然否定自由的价值。

人们之所以对自由学说越加感兴趣，是因为它同如何治理现代国家的问题密切地结合起来，个人与社会、经济与文化、统治者与被统治者、理想与现实、集权与放任、集体主义与个人主义、社会控制与人的价值、国家职能与市场机制等等一系列问题改变了自由学说中的热点，价值观念的冲突越加彰明显著。

这些变化与 20 世纪发生的一些重大事件有着背景关系。进入 20 世纪以来，资本主义国家的经济状况连年不景气，经济危机发生频仍，尤其是 30 年代席卷西欧、北美国家的大萧条给人们带来阵阵恐慌，恰恰吻合和印证了马克思在《资本论》中所指出的导致资本主义灭亡的两个基本矛盾：社会化大生产与资本主义私有制不相容；个别工厂中的生产的组织性与整个社会的生产的无政府状态不相容。西方发达国家暴露的这些问题虽然是资本主义制度本身固有、历来存在的问题，但是它们在前两个世纪从没有像在 20 世纪表现的那样突出，直接危及到资本主义制度的生存。

这是 20 世纪对法国大革命以来自由思想家阐发的自由学说提出的第一个挑战。

列宁领导的俄国十月革命，建立了世界上第一个社会主义国家，它有两个基本特点：在政治上实行无产阶级专政和中央集权，在经济上实行公有制和计划经济。社会主义制度的建立为实现更广泛的民主、自由提供了可能性，列宁指出："人民的自由，只有在人民真正能够毫无阻碍地结社、集会、创办报刊、亲自颁布法律、亲自选举和罢免一切负责执行法律并根据法律管理国家的官员的时候，才能得到保障。可见，人民的自由，只有在全部政权完全地和真正地归人民所有的时候，才能得到完全的和真正的保障。"① 1919 年俄共（布）党章具体地阐明了社会主义的民主和自由。资产阶级民主在形式上把集会、结社、出版权等政治权利和政治自由扩大到全体公民，但实际上，行政上的实践，主要是劳动者经济上的从属地位，总是使劳动者在资产阶级民主下即便享有一点点权利和自由也不可能广泛使用。与此相反，无产阶级民主首先不是在形式上宣布权利和自由，而是在实际上将这些权利和自由给予受资本主义压迫的各阶级的居民，即无产者和农民。为此，苏维埃政府要从资产阶级手里没收建筑物、印刷所和储藏的纸张等，把它们完全交给劳动者及其组织。俄国共产党的任务就是使广大劳动群众越来越多地使用民主权利和自由，并改善这方面的物质条件。

为了克服资本主义在经济领域中存在的无政府状态，苏联采取了全面的公有制和计划经济。在列宁和斯大林的

---

① 列宁：《争取自由的斗争和争取政权的斗争》，《列宁全集》第 10 卷第 353 页。

领导下，苏联人民在工业化上取得引人瞩目的成就。

十月社会主义革命是法国大革命以来人类历史的又一重大转折点，开创了世界历史的新纪元，给矛盾重重、经济萧条、政治危机、战争频繁的世界带来新的希望。它使人们对自由的价值观念有了新的标准，不仅为落后国家作出争取自由的榜样，而且对发达资本主义国家的知识分子影响也很大。新的思考、新的判断，推进了集体主义倾向，抑制了个人主义的发展；反对自由放任，主张国家干预的呼声时有高潮。在这个意义上可以说，社会主义制度的建立是对传统的自由主义思想发出的第二个挑战。

与此同时，30 年代西方资本主义国家的经济危机还连带出现另一政治怪物：法西斯主义在意大利和德国猖獗一时。法西斯主义与 18 世纪和 19 世纪政治和哲学的主潮完全相背，反对美国革命和法国革命的基本原则和精神，反对个人自由，反对人人平等和种族平等。与"自由、平等、博爱"的口号针锋相对，意大利法西斯主义者提出的口号是"信仰、服从、战斗"。希特勒从内心中压根不喜欢任何民主制度，讨厌言论自由、出版自由以及议会民主。他在《我的奋斗》中认为，议会民主把政府变成政治上的营私舞弊，它鼓励平庸的人，不利于领导，并使人没有责任心。他声称："多数不但代表着无知，而且代表着胆怯……多数决不能取代伟大人物。"① 他曾恬不知耻地嘲弄自由民主："凡是强有力的和坚定不移的东西才能打动广大群众的心灵……人民群众宁愿要统治者而不喜欢哀求者。除去一个能给他们提供自由选择的学说外，没有任何无敌的学说使他们充满着更大的精神安全感。但他们简直不知道怎样做这

---

① 希特勒：《我的奋斗》，伦敦 1939 年英文版，第 81 页。

种选择，因此容易自以为被抛弃了。所以，他们对精神上受到恐吓威胁简直不觉得羞愧，并且几乎认识不到他们作为人类所享有的自由横遭践踏这个事实。"

希特勒也曾把自己的法西斯主义标榜为真正的自由主义和真正的社会主义，把自己的侵略战争说成是给资本主义和布尔什维克压迫下的人民带来自由和解放。希特勒和墨索里尼的法西斯主义在第二次世界大战中给世界各国人民造成深重的灾难。它的出现是对全世界的威胁，也是对整个自由主义学说的挑战。

面对资本主义世界周期性经济危机和萧条，尤其在苏联社会主义集体经济影响的冲击下，西方国家的知识分子开始对自由主义原则进行认真的反思，这些反思不仅仅限于哲学和政治学领域，而且在经济学领域更为活跃。战前和战后，影响欧美经济政策的最大的两大体系是凯恩斯主义和新自由主义。

凯恩斯率先提出"自由放任的终结"。他固然坚持认为，世界性的经济危机并不是资本主义制度本身的问题，但是他承认传统观点认为资本主义经济是和谐的、国家干预是不必要的这种看法不能成立，资本主义经济结构存在着不合理的因素，需求不足、失业和生产过剩是经常存在的。资本主义缺乏明智的管理，不能有效地达到它的经济目的；听任市场经济自发调节，不能保证资本主义经济的顺利运行。因此，政府的职能必须扩大，以便对社会经济生活进行更广泛、更直接的干预。

凯恩斯生于 1883 年，死于 1946 年，毕业于英国剑桥大学。1936 年，他发表了《就业、利息和货币通论》一书，系统地阐述了他以前零星提出的关于防止经济危机的论点，形成一个完整的理论体系，被称为凯恩斯主义。他的这部

《通论》被认为是继亚当·斯密《国富论》和马尔萨斯《人口原理》之后，西方经济学的第三部经典性著作，曾轰动欧美诸国，人称"凯恩斯革命"。

凯恩斯认为，社会的总就业量决定于总需求，而在没有国家干预、自由放任的经济生活条件下，社会的总需求一般不足以实现充分就业，而且工业高度发达的国家都患有需求不足的慢性症，国家越富强，这种不足就越严重，结果产生一种矛盾现象，一方面生产过剩，另一方面一般人的欲望得不到满足。造成这种状态的原因是，社会的消费太低和投资萎缩使得没有足够的需求去购买所有生产出来的物品。因此，国家应对经济生活做出必要的干预，主要措施包括：

第一，通过赋税政策，实行国民收入再分配。消费支出不足是由于收入分配不均的趋向造成的，如果把国民收入的较大部分交给那些需要已经得到充分满足的人，他们只会把收入的一小部分用于消费，而把大部分储蓄起来，这就会造成商品的滞销和失业的增长。所以，只有通过赋税的调节，把国民收入的大部分交给低收入家庭，才能提高消费的支出，扩大社会需求的总量。

第二，加强通货管理以降低利息，刺激新的投资。

第三，投资社会化。一方面管理私人投资，另一方面主要靠实行"赤字财政政策"，实行公共投资，利用公共投资以增加经济活动和弥补私人投资的不足。

凯恩斯主义与亚当·斯密以来的资产阶级传统经济理论是根本对立的，它反对自由放任，提倡国家干预；主张用赋税调节国民的收入，在某种程度上破坏了资产阶级的财产私有的神圣不可侵犯性；否认"节俭"的传统价值，力主提高消费以刺激生产，举国债以实现投资，扩大需求以安排就业。

这些主张对资本主义国家的政策有着实际的影响。罗斯福在美国实行的"新政"，丘吉尔在英国提出的"就业政策"，以及战后欧美许多国家的经济政策，都多少接受了凯恩斯的国家干预主义的理论。

正是在凯恩斯主义的影响下，资产阶级社会改良派提出"福利国家"的社会改革口号，试图缓和阶级矛盾，促进阶级合作。他们主张在混和经济制度下，由政府推行充分就业、公平分配、社会福利等政策，以消除资本主义社会的失业、贫困、不平等之类的弊病，防止经济危机的发生。

凯恩斯主义与社会主义是根本不同的，美国经济学家、凯恩斯主义者劳伦斯·克莱因指出："美国公众有一种很大的误解，他们以为凯恩斯派经济学家的实际改革措施会导向社会主义。必须着重指出，凯恩斯的改革并没有侵犯私人对生产资料的所有权……凯恩斯派的办法是把国家作为一种平衡力量，它仅仅补充私人资本家行为之不足。而社会主义的办法是把国家作为唯一的企业主，它完全代替了私人资本家。凯恩斯派的政策确只是一种保守的政策，因为它的目的是保留自由企业的资本主义。社会主义不是保守的，它是激进的，目标是把资本主义体系改变成为一种完全不同的型态。"①

但是在凯恩斯的理论对手看来，凯恩斯主义就是社会主义。新自由主义代表人物，1974 年诺贝尔经济学奖得主哈耶克早在 1944 年发表的《通向奴役的道路》，就把批判的锋芒直指凯恩斯主义。为这本书作序的约翰·张伯伦开

---

① 劳伦斯·克莱因：《凯恩斯的革命》，商务印书馆 1962 年版，第 164 页。

篇明义指出："形形色色的用语表达了我们时代的口头禅：'充分就业'、'计划'、'社会安全'、'不虞匮乏'。当代的事实所显示的，却是这些事情一旦成为政府政策的有意识的目标，就没有一件能够获得成功。这些漂亮话只有傻瓜才会相信。它们在意大利把一个民族诱入歧途，使他们暴骨在非洲的烈日之下。在俄国，有第一个五年计划，也有300万富农被清洗。在德国，1935到1939年之间曾达到充分就业，但是60万犹太人被剥夺了财产，四散在天涯海角，或长眠于波兰森林中的万人塚内。"①

哈耶克虽然对社会主义怀有很深的偏见，但是他也不得不承认，社会主义已代替自由主义成为绝大多数进步派所拥护的学说。他抱怨人们已经忘记了自由主义思想家们关于集体主义后果的警告，忘记了社会主义是对自由的严重威胁，是对法国大革命的自由主义的反动。然而社会主义却在自由的旗帜下得到广泛的拥护。

他认为，这种状况的产生是由于人们对自由主义政策的进展迟缓越来越不能忍耐，对假自由主义之名为反社会的特权作辩护的人感到愤懑，所以，对自由主义根本原则的信念逐渐消失。

其次，他认为，社会主义的宣传工具对自由作了非常多的许诺，引诱越来越多的自由主义者真诚而纯洁地相信社会主义会带来自由，看不到社会主义与自由主义基本原则之间存在着根本冲突的原因，大部分知识分子把社会主义崇奉为自由主义传统的当然继承人，从而走上社会主义道路。

哈耶克站在极端保守的立场上，竭力攻击社会主义，

---

① 哈耶克：《通向奴役的道路》，商务印书馆1962年版，第2页。

否定社会主义是通向自由之路，认为社会主义不能打破"物质缺乏的专制"，不能解除"经济制度的束缚"，因而也就无法兑现所许诺的自由。

哈耶克从经济自由出发，对凯恩斯主义持反对态度。他认为凯恩斯对资本主义社会问题的诊断是错误的。国家干预经济的政策不是稳定经济的政策，而是加剧经济不稳定的政策。国家的干预会破坏市场正常的运行机制，使资源配置不合理，会引起失业和通货膨胀，因此必须实行自由放任。

他还否定把经济福利的增长作为判断一个社会好坏的标准。他直言不讳地说，比经济福利更加重要的是自由。"就我们个人来说，我们必须准备作出重大的物质牺牲，以维护我们的自由。"

哈耶克的新自由主义理论，指出了凯恩斯的国家干预主义存在的问题，指出了苏联计划经济中存在的问题，这些都是值得读者认真阅读和借鉴的。但是他把社会主义计划经济、法西斯主义的计划经济与凯恩斯主义的国家干预经济混为一谈，抹杀了它们之间根本不同的本质差别，统统归结为独裁而进行抨击，把苏联模式的计划经济与社会主义计划经济混为一谈，把斯大林犯过的一些错误与社会主义制度本身混为一谈，声称计划经济是通向奴役的道路，他的这些观点无疑是根本错误的。

21

个人与社会

　　　　　自由总是一个社会问题，而不是一个个人
　　问题。

　　　　　　　　　　　　　　　　　　　——杜威

　　20世纪的种种状况和变化，给思想家们提供了广阔的思考领域，他们对自由学说，对法国大革命以来形成的一整套自由原则，重新进行评估和审度，当然，由于基本立场和方法的不同，也就形成了各种流派。他们有的坚决反对马克思主义，有的支持或同情社会主义，使意见纷杂的世界更加四分五裂。

　　美国实用主义创始人之一，约翰·杜威，在自由学说研究领域也占有重要的一席。贝特兰·罗素讲过："杜威博士的见解在表现特色的地方，同工业主义与集体企业的时代是谐调的。很自然，他对美国人有最强的动人力量，而且很自然他几乎同样得到中国和墨西哥之类的国家中进步分子们的赏识。"

　　杜威思想的特点是什么呢？罗素认为："他的哲学是一种权能哲学，固然并不是像尼采哲学那样的个人权能的哲学；他感觉宝贵的是社会的权能。"桑塔雅那说："在杜威的著作中，也正像在时下的科学和伦理学中一样，渗透着一种准黑格尔主义倾向，不但把一切实在而现实的事物消融到某种相对而暂时的事物里面，而且把个人消融到他的社会功能里面。"

　　世人以为，自由植根于人性中是非常根深蒂固的，只要有理性的教化的传播，自由就会自然地发展，从而使人们有机会去过自足的生活。杜威指出，世界的现实恰恰把这种殷切希望化为泡影。代替世界和平的是两次世界大战，

261

其范围的广大和破坏性的严重，在全部历史上都是空前的。代替民主、自由和平等的是强大的极权主义国家的兴起，它们在压制信仰和言论自由方面超过从前历史上最专制的国家。作为保证多数人自由的工具，政府在立法上和行政上权力的范围和重要性日益增长；而与经济的安全性的增进和消灭贫困的运动相反，工业危机和工人失业大大增加。面对这种社会动荡，如不想出对策，就会引起革命。因此，现代思想家们有责任对以往的政治原则重新给予深刻反思。

什么是自由呢？自由不只是一个概念，一个抽象原则，而是进行一些特别工作的力量。杜威指出自由有三种属性：第一，对自由的要求是一种争取权力的要求，或是争取掌握尚未被掌握的行动权力，或是保持和扩张已有的权力。第二，一个人、一个集团或一个阶级的自由，总是与其他个人、集团或阶级的自由相联系。第三，没有绝对自由，自由总是处于某一限制和某一控制系统之内的。从这三点可以看到："自由总是一个社会问题，而不是一个个人问题。因为任何人所实际享有的自由依赖于现存的权力或自由的分配情况，而这种分配情况实际上就是在法律和政治上的社会安排——而且当前特别重要的是在经济上的安排。"①

法国革命和美国独立战争中提出的以自然权利为基础的自由学说，是由于担心政府和有组织的社会控制而提出的辩护。良心自由、信仰自由、言论自由和出版自由都被强调是人的自然的权利，是个人在政治组织之前就存在的、并独立于政治组织之外的内在的权利。然而，公民的自由

---

① 杜威：《自由与社会控制》，《人的问题》上海人民出版社 1965 年版，第 90 页。

并不是自然的自由，也不是单纯个人的要求，而是社会的要求。如果仅仅是个人的自由，那么，当国家处于特殊状态，如战争状态时，这种自由便很容易合法地被剥夺。自从第一次世界大战以来，虽然有所谓宪法的保障，公民自由也几乎在一切方面都已经受到侵害。争取自由的唯一希望就是要在理论上和实践上放弃这样的主张，即以为自由是独立于社会制度与安排之外的、个人所具有的一些发展完备的和现成的东西。并且人们要确信，社会控制，尤其是对经济力量的控制，是保证个人自由所必不可少的。

个人自由与社会控制是社会发展和稳定的有机的组成部分。但是个人主义反对权威，把追求个人利益的私人需要和努力提高到最高权威的地位，结果，正是在它断言自己完全忠诚地维护个人自由原则的举动中，却已为一种新的集中权力的活动进行辩护。这种新的形式就是经济上的集中权力，即"拒绝给在经济上没有权力和没有特权的人以真正的自由"。①

一般来说，个人自由倾向于变革，是社会改造的新兴力量，而权威倾向于保守，是社会稳定的力量。但是，如果让个人主义在经济领域任意发展，实际上已经是社会发展的阻碍力量。因此，不应把自由与权威、发展与稳定截然分开，而要使二者相互渗透。"我们需要有一种权威，但这种权威不同于它所活动的旧形式，而是能以指导和利用变迁的；我们也需要有一种个人自由，但这种个人自由不同于那种为个人无限制的经济自由所产生并为它作辩护的个人自由；我们所需要的这种个人自由是具有普遍性的和为大家所分享的，而且它是在社会上有组织的明智控制的

---

① 杜威：《权威与对社会改变的抵抗》，《人的问题》第 80 页。

支持与指导之下的。"①

法国大革命以来,资产阶级民主制度的危机是由于人们把自由和在经济领域内、在资本主义财政制度下最高程度的无限制的个人主义活动等同起来,这不仅使平等注定不能实现,而且也使一切人的自由不能实现。它对大多数人的自由是具有破坏性的,因为它对真正的机会均等具有破坏性。杜威认为,一切工业组织的成功都有赖于一个有限范围内的持久计划,虽然其目的是为了获得利润。无计划和放任自流必然会造成经济上的不安全,必然会引起战争。

自由经济不仅使工人失业,而且也使占有阶级因一再发生危机和不景气而失去安全感,迫使他们去寻求极权。"在我们民主国家的人们看起来是极权主义国家的最讨厌的东西却正是拥护极权主义政府的人们所称赞的东西。这些正是民主国家所缺少因而受到他们指责的东西。"② 民主既受到左翼的极权主义从经济方面的挑战,又受到法西斯的极权主义从道德方面的挑战。

个人主义运动曾试图把实行自由与不要任何有组织的控制等同起来,因此,它事实上把自由与仅仅在实际上占有经济权力等同起来。因此,它没有给那些缺乏物质财富的人们带来自由,反而强迫他们进一步服从那些占有物质生产和分配的那些人。

社会权威和社会控制会导致独裁,个人自由会导致放纵。社会组织与个人自由之间的这个矛盾是长久存在的。杜威认为,他并不是要重复过去的方法,用一个极端取代

---

① 杜威:《权威与对社会改变的抵抗》,《人的问题》第 80 页。
② 杜威:《自由与文化》,商务印书馆 1964 年版,第 9 页。

另一个极端，而是对二者都提出批评。他主张："在科学中所表现出来的合作理智的活动乃是自由与权威统一的可用模式。"① 整个现代的工业发展都是技术上应用科学的结果，近世纪经济的变迁大部分依赖于自然科学的进展。在物品的生产和分配中，没有一个简单过程不依赖于利用在数学、物理、化学中的集体的、有组织的理智方法所产生的结果，而不是由于个人主义所说的个人的首创性和进取心。个人主义的首创性和进取心侵吞和盗取了集体合作理智的果实。没有有组织的理智的帮助和支持，个人的首创性和进取心是无能为力的。

同时，也不能忽视，表现在现代个人主义运动中的个人自由的原则在人类的构成中是根深蒂固的，但"这个运动的悲剧在于它误解了和放错了这个自由原则的来源和地位。但是为了保证安全和取得团结而用外在权威去取消这个原则的企图，不管它会怎样取得暂时的胜利，最后总是注定要失败的。"②

诗人雪莱曾说过："愿你们的心灵成为纯洁和自由的神殿，它的一尘不染的衷诚的祭坛上，永不会升起一缕崇拜财神玛蒙的烟篆！"杜威没有忘记雪莱的呼吁，他对自由的看法正是以此为基调的。个人主义最初时是想使人有表达精力的更大自由，给个人新的机会和力量，但是当它把个人的权力和自由与获得经济成功的能力等同起来的时候，它便成为在社会上压制大多数人的东西了。

更多地给予个人以自由，把个人的潜力解放出来，这个观念和这个理想是自由精神永远存在的核心。但是把商

---

① 杜威：《权威与对社会改变的抵抗》，《人的问题》第86页。
② 杜威：《权威与对社会改变的抵抗》，《人的问题》第87页。

业上升到统治地位，这事实上是给予少数人以反社会的自由；把倔强的个人主义和无控制的商业活动等同起来，这样做，使大众的思想和行为都僵化了。随着实验科学的发展，社会生产力得到空前的释放，大规模的工业生产和日益便利的交通，使生产和分配能力大大提高。但是这些本来可以为整个人类带来福利的进步，却被用来为少数人谋求利益。

那么自由主义的出路在哪里呢？杜威反对苏联的"无产阶级专政"，认为"专政"与自由决不相容，它的实质是"压制信仰、言论、出版和集会的自由"，"对一切反对者的残酷迫害和惩罚"。①

他的结论是这样的："只有当自由主义公然承认的那种目的已经从掌握了那种在社会上为狭隘的个人利益所创造出来的权力的人的手里夺取出来的时候才能达到这种目的。目的是继续有效的。但是达到这些目的的手段要求激烈地改变经济制度以及依赖于它们的那些政治上的安排。这些改变是必要的，因为对在社会上所创造出来的力量与精力进行社会控制可以促进一切个人的解放，而这些个人是在参与建立一个表达与增进人类自由的人生的伟大事业中联合在一起的。"②

杜威关于自由的见解，表现出他认识到过多地强调个人自由、主张自由放任的资本主义社会中存在的弊病，他试图加强社会整体的作用调节和缓和资本主义社会的矛盾，但不是要把资本主义社会改造成社会主义社会。

他的社会改造论和"民主社会主义"理论是在维持资

① 杜威：《自由与文化》，第 68 页。
② 杜威：《自由与社会控制》，《人的问题》第 101 页。

产阶级传统的经济关系和财产关系的前提下，做一些改良，以适应资本主义社会的变化和发展。他的理论与马克思主义有着根本的不同。但是就杜威指出了个人自由主义的弊端而言，他在西方社会还是相当有影响的，值得我们认真重视。

25

自由女神的召唤

> 那种并不自由却认为自己是自由的人，是
> 不折不扣的奴隶。
>
> ——歌德

第二次世界大战给世界各国人民带来沉重的灾难，当人们在硝烟即散的静悄悄的黎明醒来的时候，当人们在刀枪入库、马放南山，与久别的妻子儿女重聚的时候，当一幢幢高楼、一座座工厂，在旧日巷战残留的瓦砾上矗立起来的时候，肉体的和心灵的伤痕是难以磨却的，人们不仅重建着家园，重建着被法西斯分子破坏了的物质文明，而且也重建着精神文明，不断地从理论上反思法西斯主义产生的根源，清算它的余毒。

1948 年 12 月 10 日，联合国大会通过《世界人权宣言》，重申了法国大革命以来人们所遵奉的最基本的自由原则。

兹鉴于人类一家，对于人人固有尊严及其平等不移权利之承认确系世界自由、正义与和平之基础；

复鉴于人权之忽视及侮蔑恒酿成野蛮暴行，致使人心震愤，而自由言论、自由信仰、得免忧惧、得免贫困之世界业经宣示为一般人民之最高企望；

......

大会爰于此颁布世界人权宣言，作为所有人民所有国家共同努力之标的，务望个人及社会团体永以本宣言铭诸座右，力求借训导与教育激励人权与自由之尊重，并借国家与国际之渐进措施获得其普遍有效之承认与遵行……

以上清楚陈述了《世界人权宣言》的目的，这个人权宣言与美国《独立宣言》、法国《人权宣言》在内容上没有

很大的发展。"人皆生而自由；在尊严及权利上均各平等"；"人人皆得享受本宣言所载之一切权利与自由，不分种族、肤色、性别、语言、宗教、政见或他种主张、国籍或门第、财产、出生或他种身份"；"人人有权享有生命、自由与人身安全"；"人人在一国境内有自由迁徙及择居之权"；"人人有思想、良心与宗教自由之权"；"人人有主张及发表自由之权"；"人人有和平集会结社自由之权"；"人人有权直接或以自由选举之代表参加其本国政府"；"人人有权工作，自由选择职业，享受公平优裕之工作条件及失业之保障"；"人人有权自由参加社会文化生活，欣赏艺术，并共同襄享科学进步及其利益"；"人人对于社会负有义务，个人人格之自由充分发展厥为社会是赖。"

这个《世界人权宣言》虽无新颖之处，却较全面细致，基本上概括了百余年来进步思想家对自由和人权的诸多要求。但是它自从公布以来40年中，却成了资产阶级攻击社会主义的工具。事实上，这个宣言的大部分条款在社会主义国家宪法中都有明确的规定，而也有某些条款在资本主义国家也只是形式而已，实际上根本没有做到，尤其是受财产的限制而无法做到。社会主义与资本主义本来就是两种价值观念的产物，在最敏感的价值问题即自由和人权问题上的看法自然有很大的差距。就这个《世界人权宣言》阐明的各项条款来说，世界各国在执行的时候都各具特点。正如资产阶级无权用自由和人权问题否定社会主义制度一样，无产阶级也不应该把这些问题拱手让与资产阶级去用作攻击的武器。各国人民和政府首先应该做的是对自身的状况不断地进行反思和改善。

战后，世界政治格局发生了很大的变化，一方面，西方资本主义国家由于法西斯主义的覆灭而有所发展，资产阶级议会民主制国家增加了很多；另一方面在东方出现了一大批社会主义国家，还有许多刚刚摆脱殖民统治的亚非国家表示要走社会主义道路或者执行某些社会主义的政策。

在西欧、北欧和南欧，社会党和工党相续多年执政，"福利国家"的政策得到有力的推行。英国工党提出的"民主社会主义"，其基本原则有：政治自由、混合经济、福利国家、凯恩斯主义和平等信念。瑞典社会民主党、丹麦社会民主党，挪威工党、英国工党、荷兰工党、法国社会党、意大利社会党、比利时社会党、奥地利社会党等都在执政期间，推行"福利国家"政策，强调国家干预经济和国有化。

在经济理论界，除了凯恩斯主义仍有一定影响外，新古典综合派、新剑桥学派也相继出现，采纳了凯恩斯主义的基本主张。

与此相对立，哈耶克的新自由主义仍然不退让，抓住凯恩斯主义和"福利国家"理论和实践中的问题，力主"自由放任"。现代货币主义和供给学派便是新自由主义中较有影响的学派。

战后资本主义各国普遍采取了凯恩斯主义的经济政策，在一段时期内出现了经济增长较快的繁荣景象，60年代后期，凯恩斯主义不灵了，资本主义经济出现经济衰退，失业增加，通货膨胀，"停滞膨胀"。货币主义就是在这个局势下产生和扩大影响的。

货币主义的创立者米尔顿·弗里德曼，1976年获得诺贝尔经济学奖，他长期在美国芝加哥大学执教，继承了该大学的保守主义传统。他的学派与哈耶克的思想有密切的联系，统称为"芝加哥学派"。《资本主义与自由》和《自由选择》是他的政治理论和经济理论的代表作，它们在西方国家至今仍有较大的影响，是坚决反对社会主义的。

新自由主义经济学家们反对凯恩斯主义把 30 年代的大萧条归咎资本主义经济结构的软弱性。他们同意哈耶克的看法，认为危机是国家干涉主义的产物。自由意志论者默里·罗斯巴德写道："现在是指出真正责任在谁的时候了。应该为 30 年代的不幸承担责任的既不是市场经济，也不是资本主义，而是政界、官僚和所有那些所谓开明的经济学家……这些危机从来不是随便哪一种'自由放任'造成的，相反却是为特定目的采取经济和货币行动的当局不负责任态度造成的后果。"

新自由主义者虽然深得无政府主义者好感，却不是无政府主义的，他们虽然总是攻击国家，但并没有对国家存在本身提出异议。他们只是反对国家干涉经济活动。如果有人问，自由主义运动应该建议国家施行什么样的长期经济政策？回答往往干脆是：不做任何建议。弗里德曼在《资本主义与自由》的绪论中写道，肯尼迪总统就职演说中有一句话，"不要问你的国家能为你做些什么，而问你能为你的国家做些什么。"这句话的两个部分中没有一个能正确表示合乎自由社会中的自由人的理想的公民与它政府之间的关系。家长主义的"你的国家能为你做些什么"意味着政府是保护者而公民是被保护者，这个观点与自由人对他自己命运负责的信念不一致。带有组织性的"你能为你的国家做些什么"意味着政府是主人或神，而公民则为仆人或信徒。对自由人而言，国家是组成它的个人的集体，而不是超越在他们之上的东西。他们把政府看作为一个手段、一个工具，既不是一个赐惠和送礼的人，也不是盲目崇拜和为之服役的主人或神灵。除了公民们各自为之服务的意见一致的目标以外，他们不承认国家的任何目标；除了公民们各自为之奋斗的意见一致的理想以外，他们不承认国家的任何理想。

因此，弗里德曼认为，自由人既不会问他的国家能为他做些什么，也不会问他能为他的国家做些什么。他应该问的是："我和我的同胞们能通过政府做些什么"，以便尽到我们个人的责任，达到我们各自的目标和理想，其中最重要的是保护我们的自由。然而，对自由的最大威胁是政府的权力过于集中。"在人类知识和理解方面，在文学方面，在技术可能性方面，或在减轻人类痛苦方面开拓新领域的人中，没有一个是出自响应政府的指令。他们的成就是个人天才的产物，是强烈坚持少数观点的产物，是允许多样化和差异的一种社会风气的产物。"政府永远做不到像个人行动那样的多样化和差异的行动。政府可以通过对住房或营养或衣着的统一标准，改进许多人的生活水平，可以通过对学校教育、公路建设或卫生设备统一标准，改进许多地区的社会环境。"但是在上述过程中，政府会用停滞代替进步；它会以统一的平庸状态来代替使明天的后进超过今天的中游的那个试验所必需的多样性。"①

那么，政府的职责是什么呢？它是"规则的制定者和裁判员"，具体地说，它包括维持法律和秩序、规定财产权的内容、作为人们能改变财产权的内容和其他经济游戏的规则的机构、对解释规则的争执作出裁决、强制执行合同、促进竞争、提供货币机构等等；政府就是不能妨碍个人的正当的自由，不能干预经济活动。

美国至今仍然是世界上第一号经济大国，美国之所以

---

① 米尔顿·弗里德曼：《资本主义与自由》，商务印书馆 1986 年版，第 5—6 页。

从印第安人的原始社会逐步取得今日的成就，是由多种因素促成的：美洲富饶的土地；黑人、印第安人、华人的血汗；远离两次大战主要战场的优越的地理环境；殖民主义的剥夺等等。

但是，弗里德曼却把美国发生的奇迹，归因于自由。他认为，美国像一块磁石吸引了世界各地不堪忍受苦难和暴政的人们，他们向往着自由和富裕的生活远渡重洋来到美国。他们踏上这块土地时，并没有发现黄金铺的路，但是他们获得了充分发挥自己才能的机会。弗里德曼把美国取得的成就，归因于美国人把两套恰恰都是在 1776 年公诸于世的思想付诸了实践。一套思想体现在苏格兰经济学家亚当·斯密的《国富论》中，该书分析了市场制度为什么能把追求各自目标的个人自由同经济领域里生产我们的衣、食、住所必需的广泛合作结合起来，人们在一只看不见的手的指引下，自由地从事生产和贸易。另一套思想体现在托马斯·杰斐逊起草的《独立宣言》中，它宣告了一个按照人人有权追求自己的价值的原则而建立的、政治自由的新国家的诞生。①

这两套思想，一个是经济自由，一个是政治自由。边沁主张政治自由是经济自由的一种手段，而弗里德曼则倾向哈耶克的看法，把经济自由作为政治自由的手段。他也承认，资本主义是政治自由的必要条件，但不是充分条件，法西斯的意大利、西班牙、德国、日本，虽然私有企业是经济结构的主要形式，但显然不存在政治上的自由。集体计划经济干扰了个人自由。没有自由市场就没有个人政治

---

① 参见米尔顿·弗里德曼：《自由选择》，商务印书馆 1982 年版，第 7－9 页。

自由。

弗里德曼竭力宣扬"经济自由"的必要性，强调"自愿交易占支配地位的经济内部就具有促进繁荣和人类自由的潜力。它也许在这两方面不能完全发挥其潜力，但就我们所知，凡达到过繁荣和自由的社会，其主要组织形式都必然是自愿交易。不过我们要赶紧补充一句：自愿交易并不是达到繁荣和自由的充足条件。这至少是迄今为止的历史教训。许多以自愿交易为主组织起来的社会并没有达到繁荣或自由，虽然它们在这两方面取得的成就要比独裁社会大得多。但自愿交易却是繁荣和自由的必要条件。"[1]

因此，保守的弗里德曼劝告他的国人，要珍惜自己的自由传统，坚持自由价格制度，坚持自由贸易制度；反对国家干预，反对贸易保护主义；让自由价格反映供求状况，刺激生产发展，让自由贸易使人民获得最称心的商品，培养国家间的和谐关系。美国永远应该像自由女神铜像的铭文所说的那样：

给我，你们那疲劳的，你们那穷苦的，

你们那挤作一团、渴望自由的人们，

你们那富饶的海岸抛弃的可怜垃圾。

送给我这些无家可归，颠沛流离的人：

我在这金门旁举灯相迎。

弗里德曼与哈耶克一样，他们对社会主义的批评主要不是东方的社会主义国家，而是西方的凯恩斯主义、"福利国家"政策。当然他们也反对社会主义国家。不过，从新自由主义产生的根源来看，它只不过是资产阶级学者为克服政治和经济困难所开出的救急药方，是医治西方病的。

---

[1] 米尔顿·弗里德曼：《自由选择》，第16页。

新自由主义所推崇的亚当·斯密的"自由放任市场经济"学说，在历史上曾起到过进步作用，但是在今日世界却难以发挥旧日的效力，在矛盾重重的世界中，这只"看不见的手"还能"举灯相迎"吗？

23

告别锁链

> 无产者在这个革命中失去的只是锁链。他
们获得的将是整个世界。

> ——《共产党宣言》

法国大革命在卡尔·马克思和弗里德里希·恩格斯心中引起了另一个意义深远、翻天覆地的革命的共鸣。

马克思在莱茵报时期，也就是他刚刚开始摆脱青年黑格尔派的政治理论，由资产阶级民主主义者向共产主义者转变时期，有生第一次有意识地接触到了当时最不人道的社会现实，看到了封建专政的普鲁士国家对人的精神自由的野蛮压制和对人的合理的物质享有权的残暴剥夺。马克思以黑格尔理性国家理论为思想武器，用激进的政治口号代替了黑格尔体系的保守外壳和结论，对普鲁士非理性黑暗现实的封建专制和官僚等级制作了否定性的批判。这个批判的哲学基础是着眼于人的本性是自由的命题。马克思写道："人类的特征恰恰就是自由的自觉的活动。""自由不仅包括我靠什么生存，而且也包括我怎样生存，不仅包括我实现着自由，而且也包括我在自由地实现自由。"①

马克思当时虽然并没有完成向共产主义者的完全转变，但是他作为革命的民主主义者站在无产阶级和劳苦大众的立场上，旗帜鲜明地反对当时笼罩德国的封建专制主义的束缚，尖锐地抨击了禁锢人们思想、压制人民自由的反动的书报检查制度，深刻揭露了议会活动的等级局限性和特权等级的反人民性质，满腔热情地歌颂了人民的自由权利

弗里德曼，时代杂志封面

---

① 马克思：《关于出版自由和公布等级会议记录的辩论》，《马克思恩格斯全集》第1卷，第77页。

和自由的出版物，鼓励人民为自由而斗争。

马克思赞同《人权宣言》中有关言论和出版自由的主张，他连续发表多篇文章，专门为言论自由和出版自由作辩护。他指出："自由的出版物是人民精神的慧眼，是人民自我信任的体现，是把个人同国家和整个世界联系起来的有声的纽带；自由的出版物是变物质斗争为精神斗争，而且是把斗争的粗糙物质形式理想化获得体现的文化。自由的出版物是人民在自己面前的公开忏悔……自由的出版物是人民用来观察自己的一面精神上的镜子，而自我认识又是聪明的首要条件。"①

但是有人提出，为了防止报刊和出版物给社会造成有害影响，有必要建立新闻或出版检查制度。对此，马克思认为，检查制度是政府垄断了的批评，但这种批评不是公开而是秘密的，是把强力的命令当作理性的命令，把粗暴蛮横当作有力的论据。而从出版自由的本质自身所产生的真正检查是舆论的批评，是出版自由自身产生的审判。1848 年，也就是在《共产党宣言》发表的那年，马克思仍然坚持言论自由和出版自由的主张，他指出："报纸按其使命来说，是社会的捍卫者，是针对当权者的孜孜不倦的揭露者，是无所不在的耳目，是热情维护自己自由的人民精神的千呼万应的喉舌。"②

马克思十分厌恶有些谄媚、卖身投靠的文丐的无耻行径。他指出，作家决不能把自己的作品看作手段，而作品就是目的本身。作家应该具有高风亮节的精神，在必要时，他可以为了作品的生存而牺牲自己个人的生存。作家应该

① 马克思：《第六届莱茵省议会的辩论》，《马克思恩格斯全集》第 1 卷，第 75 页。

② 马克思：《新莱茵报审判案》，《马克思恩格斯全集》第 6 卷，第 275 页。

勇敢地讲出真理，因为真理像光一样很难谦逊。真理是普遍的，它不属于作家一个人，而为大家所有。"你们赞美大自然悦人心目的千变万化和无穷无尽的丰富宝藏，你们并不要求玫瑰花和紫罗兰散发出同样的芳香，但你们为什么却要求世界上最丰富的东西——精神只能有一种存在形式呢？我是一个幽默家，可是法律却命令我用严肃的笔调。我是一个激情的人，可是法律却指定我用谦逊的风格。没有色彩就是这种自由唯一许可的色彩。每一滴露水在太阳的照耀下都闪耀着无穷无尽的色彩。但是精神的太阳，无论它照耀着多少个体，无论它照耀着什么事物，却只准产生一种色彩，就是官方的色彩！精神的最主要的表现形式是欢乐、光明，但你们却要使阴暗成为精神的唯一合法的表现形式；精神只准披着黑色的衣服，可是自然界却没有一枝黑色的花朵。精神的实质就是真理本身，但你们却想把什么东西变成精神的实质呢？谦逊。歌德说过，只有叫花子才是谦逊的，你们想把精神变成叫花子吗？也许，这种谦逊应该是席勒所说的那种天才的谦逊？如果是这样的话，那你们就先要把自己的全体公民、特别是你们所有的检查官变成天才……精神的普遍谦逊就是理性，即思想的普遍独立性，这种独立性按照事物本质的要求去对待各种事物。"① 书报检查制度弊病多端，治疗它的真正而根本的办法，就是废除这个制度。"没有出版自由，其他一切自由都是泡影。"

马克思非常喜欢古希腊历史学家塔西佗的一段话："当你能够感觉你愿意感觉的东西，能够说出你所感觉到的东

---

① 马克思：《评普鲁士最近的书报检查令》，《马克思恩格斯全集》第 1 卷，第 6 页。

西的时候，这是非常幸福的时候。"

恩格斯晚年也曾多次提到言论自由的问题。他在 1889 年 12 月 18 日致格尔桑·特利尔的信中谈到丹麦党内各个派别斗争以及收信人和其他同志被清除出党一事时指出："批评是工人运动生命的要素，工人运动本身怎么能避免批评，想要禁止争论呢？难道我们要求别人给自己以言论自由，仅仅是为了在我们自己的队伍中又消灭言论自由吗？"①

不论言论自由、出版自由这些政治自由在资产阶级手中多么狭隘、多么虚伪，如果马克思和恩格斯没有敢想敢言的这种独立精神，而像那些文丐那样追随着统治阶级的意旨，就不会有与传统观念实行彻底决裂的科学社会主义和辩证唯物主义的理论，也不会有我们今日的无产阶级革命的发展。马克思和恩格斯是人间的普罗米修斯，他们具有神一般的自由精神，把真理的火种带给人间。

在莱茵报时期，马克思还精辟地阐述自由与法的关系。"法典就是人民自由的圣经"，②国家必须实现法律的、伦理的、政治的自由，并且每个国家的公民通过国家法律只是服从他们固有的理性即人类理性的自然法则。资产阶级社会是"被分裂的人类世界"，"不实现理性自由的国家就是坏的国家"，因此必须反对特殊利益的特权而捍卫普遍利益的权利，建立"政治理智"即人民"自己的代表的统治"，实现一个消除了分裂的"人类世界"。马克思用黑格尔的语言，用资产阶级民主主义的口号表达了他对人类解放的看法，字里行间不乏新的世界观的显露。

马克思指出："法律上所承认的自由在一个国家中是以

---

① 《马克思恩格斯全集》第 37 卷，第 323－324 页。
② 马克思：《关于出版自由和公布等级会议记录的辩论》，《马克思恩格斯全集》第 1 卷，第 71 页。

法律形式存在的。法律不是压制自由的手段，正如重力定律不是阻止运动的手段一样。"① 法律上所承认的自由是属于国家生活范畴的，是指人们普遍的民主权利，因此它的存在及其界限必须由国家来规定、认可和予以保证，同时还必须有一种最适宜的行为规范的形式来实现内容上的要求，而法律则是这样一种承认自由、肯定自由、确定自由合理界限的特殊行为规范。"法律是肯定的、明确的、普遍的规范，在这些规范中自由的存在具有普遍的、理论的、不取决于个别人的任性的性质。"②法律具有普遍性，它在效力所及的范围内对所有公民普遍适用，对同样的行为反复适用。法律的规范必须明确、具体、毫不含糊，并且不允许任何人盲目而为、任意出言为法或随意改变法律、解释法律。法律不排斥自由，自由必须在法律的范围存在。在没有法治的国家里，才存在绝对自由，专制君主可以随心所欲、无法无天，而在任何法治的国家，人们总是在法律规定的范围内行使自己的自由权。

然而，对于法律马克思还把它区分为"真正的法律"和"形式上的法律"。法律只有由必然性产生，"只是在自由的无意识的自然规律变成有意识的国家法律时才起真正法律的作用"，③ 而"由任性的偶然产生的"，没有客观标准的法律只是形式上的法律。

在某些专制国家也有法律，但这些法律是"惩罚思想方式"，"不是国家为它的公民颁布的法律"，而是"恐怖主义的法律"，成为压制自由的手段。马克思说："没有一个

　　①② 马克思：《关于出版自由和公布等级会议记录的辩论》，《马克思恩格斯全集》第 1 卷，第 71 页。
　　③ 马克思：《关于出版自由和公布等级会议记录的辩论》，《马克思恩格斯全集》第 1 卷，第 72 页。

人反对自由，如果有的话，最多也只是反对别人的自由。可见各种自由向来就是存在的，不过有时表现为特权，有时表明为普遍权利而已"，"问题在于一面的有权是否应当成为另一面的无权。"① 在真正的法律下，自由表现为公民的普遍权利，而在形式上的法律下，自由只是少数人的特权。马克思把这种少数剥削者有权，广大人民普遍无权的状况看作是旧制度的"痼疾"，医治这种痼疾的办法只能是彻底废除这种制度。这就要建立真正的法律，使法律成为人民意志的自觉表现。

马克思在莱茵报时期虽然已经有新的世界观的萌芽，但是他对自由、法律、国家、权利等问题的看法仍未摆脱黑格尔主义和青年黑格尔派的窠臼，他基本上是作为一个资产阶级革命民主主义者来阐发这些问题的。

马克思和恩格斯1844年左右对法国大革命做过比较深入的研究，这对他们的共产主义思想的形成起了关键性作用。他们把它看成是经济、社会和政治革命的统一的最伟大的范例。通过对法国大革命的研究，他们看到了资产阶级的历史进步作用、资产阶级各项原则的革命精神以及它们的局限性和未完成的使命。

他们不同意以往的历史学家把雅各宾专政的失败看成是法国革命的失败，而指出，雅各宾党人犯了巨大的错误，因为他们一方面不得不以人权的形式承认现代资产阶级社会，即工业的、笼罩着普遍竞争的、以自由追求私人利益为目的、无政府的、充满了自我异化的自然的和精神的个性的社会，另一方面又幻想把正义和美德强加于现代社会，

---

① 马克思：《关于出版自由和公布等级会议记录的辩论》，《马克思恩格斯全集》第1卷，第63页。

试图仿照被理想化的古代国家的样子来组织现代社会。因此，他们的失败是必然的。圣鞠斯特在临刑之日指着悬挂在康瑟尔热丽大厅的那块写着《人权宣言》的大牌子以自傲的口吻说道："但创造这个的毕竟是我。"但是他和他的同党没有看到，这个人权宣言所讲的人，已不是古代共和国的人，而是现代经济状况和工业状况下的人。正是在雅各宾派倒台之后，从前想获得空前成就并耽于幻想的政治启蒙运动，才初次开始平凡地实现。

尽管经历了追求更高理想的恐怖时期，革命还是把资产阶级社会从封建的桎梏中解放出来，并正式承认了这个社会。在拿破仑时代，资产阶级社会的生活浪潮迅速高涨起来，出现了创办商业和工业企业的热潮、发财致富的渴望、新的资产阶级生活的喧嚣忙乱。法兰西的土地得到真正的开发，土地的封建结构被革命的巨锤打得粉碎。历史终于向人们清楚地显示，资产阶级社会的真正的代表是资产阶级。于是资产阶级开始了自己的统治。人权已不再仅仅是一种理论了。

马克思和恩格斯由于对法国革命的研究，从而懂得了从决定于经济发展的阶级斗争中怎样产生出社会革命；代表统治阶级利益的国家怎样利用自己的政权来镇压其他阶级。他们懂得了，统治阶级从来不会自愿放弃自己的特权，不经过激烈的革命斗争，是不可能在经济、社会和政治关系方面造成根本的变革的。

马克思主义的思想来源究竟是什么？当然可以列举出很多，如德国古典哲学、法国空想社会主义、英国古典经济学等等。从根本上讲，马克思主义的思想来源于法国启蒙运动和法国大革命。除了英国古典经济学以外，它在革命后的法国资产阶级的实践中得到运用，其余的两个实质

上都是启蒙思想的部分反映。恩格斯后来在《社会主义从空想到科学的发展》一书中承认："现代社会主义，就其内容来说，首先是对统治于现代社会中的有产者和无产者之间、资本家和雇佣工人之间的阶级对立和统治于生产中的无政府状态这两个方面进行考察的结果。但是，就其理论形式来说，它起初表现为 18 世纪法国伟大启蒙学者所提出的各种原则的进一步的、似乎更彻底的发展。和任何新的学说一样，它必须首先从已有的思想材料出发，虽然它的根源深藏在物质的经济的事实中。"①

马克思和恩格斯高度赞扬过法国启蒙思想家提出自由原则，对资产阶级争取自由的斗争给予了积极的评价。他们认为，在法国为行将到来的革命启发过人们头脑的那些伟大人物，本身都是非常革命的。他们不承认任何外界的权威，宗教、自然观、社会、国家制度，一切都受到了最无情的批判。以往的一切社会形式和国家形式、一切传统观念，都被当作不合理的东西扔到垃圾堆里去了。而资产阶级正是根据这些启蒙思想家所确立的原则，在它已经取得了统治的地方把一切封建的、宗法的和田园诗般的关系都破坏了。它无情地斩断了把人们束缚于天然首长的形形色色的封建羁绊，它使人和人之间除了赤裸裸的利害关系，除了冷酷无情的"现金交易"，就再也没有任何别的联系了。它把宗教的虔诚、骑士的热忱、小市民的伤感这些情感的神圣激发，淹没在利己主义打算的冰水之中。它把人的尊严变成了交换价值，用一种没有良心的贸易自由代替了无数特许的和自力挣得的自由。

正是这种自由，使资产阶级在不到 100 年的时间里创

自由女神像

① 《马克思恩格斯选集》，第 3 卷，第 404 页。

造的生产力，比过去一切世代创造的全部生产力还要多。它彻底打破了封建所有制关系，代之以自由竞争，和与自由竞争相适应的社会制度和政治制度，大大解放了生产力。自由竞争扩大了市场，增加了需求，从而引起工业革命和现代大工业的出现。资产阶级把文明带到世界各地，生产工具的迅速改进，交通的便利，把一切民族甚至最野蛮的民族都卷到文明中来了。随着贸易自由的实现和世界市场的开拓，各民族之间的隔绝和对立日益消失了。"一句话，它〔资产阶级〕按照自己的面貌为自己创造出一个世界"。①

但是，当法国革命把启蒙思想家设想的理性社会和理性国家实现了的时候，新制度就表明，不论它较之旧制度如何合理，却决不是绝对合乎理性的。富有和贫穷的对立并没有在普遍的幸福中得到解决，反而尖锐化了；实现了脱离封建桎梏的"财产自由"，对小资产者和小农来说，就是把他们的被大资本和大地产的强大竞争所压垮的小财产出卖给这些大财主的自由，于是这种"自由"对小资产者和小农来说就变成了失去财产的自由。资产阶级的"所有权对于资本家来说，表现为占有别人无酬劳动和产品的权利，而对于工人来说，则表现为不能占有自己的产品。所有权和劳动的分离，成了似乎是一个以它们的同一性为出发点的规律的必然结果。"②

资产阶级废除了长子继承权，取消了贵族的一切特权，这样便消灭了特权贵族和土地贵族的权力。资产阶级取消了所有行会，废除了手工业者的一切特权，从而打垮了行

---

① 参见马克思、恩格斯：《共产党宣言》，《马克思恩格斯选集》第 1 卷，第 253－270 页。

② 马克思：《资本论》，第 1 卷，第 640 页。

会师傅的威风。资产阶级用自由竞争来代替它们，而在自由竞争这种社会状况下，每一个人都有权经营任何一个工业部门，而且，除非缺乏必要的资本，任何东西都不能妨碍他的经营。这样，实行自由竞争无异就是公开宣布，从今以后，由于社会各成员的资本多寡不等，所以他们之间也不平等，资本成为决定性的力量，而资产者则成为社会上的第一个阶级。自由竞争在大工业发展初期是必要的，因为只有这种社会状况下大工业才能成长起来。

在现代的社会条件下，也就是在资本主义生产关系中，所谓的自由贸易就是资本的自由。排除阻碍资本前进的民族障碍，只不过是让资本能充分地自由活动罢了。不管一种商品交换另一种商品的条件如何有利，只要雇佣劳动和资本的关系继续存在，就永远会有剥削阶级和被剥削阶级存在。更有效地运用资本，不可能消除工业资本家和雇佣工人之间的对抗。对工人来说，关税束缚对他们的奴役并不多于资本对他们的奴役。"先生们，不要用自由这个抽象字眼来欺骗自己吧！这是谁的自由呢？这不是每个人在对待别人的关系上的自由。这是资本榨取工人最后脂膏的自由"。①

资产阶级打破了封建社会的人身依附关系，使劳动者具有出卖自己劳动力的自由。货币所有者要把货币转化为资本，就必须在商品市场上找到自由的工人。一方面，工人是自由人，能够把自己的劳动力当作自己的商品来支配，另一方面，他没有别的商品可以出卖，自由得一无所有，没有任何实现自己的劳动力所必需的东西。劳动力的这种解

---

① 马克思：《关于自由贸易的演说》，《马克思恩格斯选集》第1卷，第207页。

放，为大工业的社会化生产创造了有利的条件，在某种意义上可以说是推动了社会生产力的发展。

然而，劳动的这种自由正是以劳动者受剥削为代价的。马克思用讥讽的口吻说道："劳动力的买和卖是在流通领域或商品交换领域的界限以内进行的，这个领域确实是天赋人权的真正乐园。那里占统治地位的只是自由、平等、所有权和良心。自由！因为商品例如劳动力的买和卖者，只取决于自己的自由意志。他们是作为自由的、在法律上平等的人缔结契约的。契约是他们的意志借以得到共同的法律表现的最后结果。平等！因为他们彼此只是作为商品所有者发生关系，用等价物交换等价物。所有权！因为他们都只支配自己的东西。良心！因为双方都只顾自己。使他们连在一起并发生关系的唯一力量，是他们的利己心，是他们的特殊利益，是他们的私人利益。正因为人人只顾自己，谁也不管别人，所以大家都是在事物的预定和谐下，或者说，在全能的神的保佑下，完成着互惠互利、共同利益、全体有利的事业……原来的货币所有者成了资本家，昂首前行；劳动力所有者成了他的工人，尾随于后。一个笑容满面，雄心勃勃；一个战战兢兢，畏缩不前，像在市场上出卖自己的皮一样，只有一个前途——让人家来鞣。"①

马克思和恩格斯不仅揭露了资产阶级自由并不是像启蒙思想家宣传的那样是适用于一切阶级的、是给最大多数人最大幸福的，而且指出，资产阶级的自由完全是为本阶级服务的。不仅如此，马克思和恩格斯还看到，资产阶级的自由，其本质是贸易自由和竞争自由，这些与现代社会化大工业生产是矛盾的。在资本主义私人占有制条件下，

---

① 马克思：《资本论》，第 1 卷，第 199 – 200 页。

资本家为了获得更多的利润，必然会随心所欲地、盲目地扩大自己的生产，而现代工业日益社会化，需要社会各部门的计划、协调，因此，资本主义社会发生周期性经济危机是必然的。社会化大生产与资本主义私有制不相容，个别工厂中的生产的组织性与整个社会的生产的无政府状态不相容。由此可以断言，资产阶级的自由原则是造成资本主义社会必然灭亡的原因。

马克思和恩格斯并不是玩世不恭的社会批判家，而是有社会责任心的思想家，他们对资本主义的批判的目的，是希望通过激进的革命，能够产生新的社会平等和真正的自由，从而使民主政治的平等和自由趋于完善。

"共产主义革命就是同传统的所有制关系实行最彻底的决裂"，"共产党人可以用一句话把自己的理论概括起来：消灭私有制"。资产阶级把消灭这种关系说成是消灭个性和自由。的确，共产主义者正是要消灭资产者的个性、独立性和自由，因为在资产阶级社会里，资本具有独立性和个性，而活动着的个人却没有独立性和个性。

"在自由竞争的情况下，自由的不是个人，而是资本。"① 马克思和恩格斯尊重人的至高无上的价值，坚决批判那些用"物化"代替"人性"，用"资本"压制人的自由的倾向，因而希望用更高级的自由社会代替践踏真正自由的资本主义社会。

"代替那存在着阶级和阶级对立的资产阶级旧社会的，将是这样一个联合体，在那里，每个人的自由发展是一切

---

① 马克思：《1844 年经济学－哲学手稿》，《马克思恩格斯全集》第 46 卷下，第 159 页。

人的自由发展的条件。"① 在这些伟大思想家看来，再没有比以人们所达到的自由的程度来反映社会主义、共产主义社会的本质更贴切了。

资本主义的崩溃将随之出现社会化的经济或集体经济。私人占有的"无政府状态"和生产竞争将为协调一致的计划经济所取代，即为"许多自由的个人所取代"，这些人用共有的生产资料从事劳动并作为一种联合起来的社会劳动力以有意识地使用其各自的劳动力。实现这一目标的第一步是把生产置于社会有意识和预先安排好的控制之下，即实行公有制。这一变革将破坏并最终摧毁建立在私有工业基础上的整个阶级结构，从而必然产生一个无须使用强迫手段的无阶级社会，作为社会统治工具的国家也将消亡。对人的政治统治应当变成对物的管理和对生产过程的领导。

在马克思设想的"自由人联合体"中，生产力高度发展，社会产品极大丰富，社会可以充分满足每个成员在物质和精神方面的需求。消灭了旧的分工，劳动者不再屈从于某种唯一的生产工具和终身局限于某种固定的劳动活动，因此他们成为全面发展和具有自由个性的人。

"每个人的自由发展是一切人的自由发展的条件。"在未来共产主义社会里，克服了个人和社会的对抗，社会的发展不再以牺牲个人的发展为条件，而是以保证个人的充分发展为条件，以保证个性发展的丰富性来实现社会的共性的丰富性。在共产主义社会，每个人并不能离开集体而发展，"只有在集体中，个人才能获得全面发展其才能的手

---

① 马克思、恩格斯：《共产党宣言》，《马克思恩格斯选集》第 1 卷，第 273 页。

段，也就是说，只有在集体中才可能有个人自由。"① 在共产主义社会，每个人的自由发展和社会本身的自由发展是互为条件的。没有每个社会成员的自由发展，都成为自由的人，就不能组成自由人的联合体，就不会有社会的自由发展；如果社会不是自由的社会，就不能为个人的自由发展提供条件和手段，就不能使每个社会成员获得自由发展。自由的社会就是由获得自由发展的全体社会成员组成的社会；自由的人就是在自由的社会中并通过自由社会获得自由发展的人。

共产主义是以"每个人的全面而自由的发展为基本原则的社会形式"。在人类最初的社会中，没有社会分工，每个人既是物质产品的生产者，又是精神产品的生产者；既是文明财富的创造者，又是文明财富的受用者；既是社会义务的履行者，又是社会权利的体现者。人具有原始的丰富性。但是这种丰富性是以精神生产和物质生产的相对贫乏为代价的。"单个人显得比较全面，那正是因为他还没有造成自己丰富的关系，并且还没有使这种关系作为独立于他自身之外的社会权力和社会关系同他自己相对立。""在这里，无论个人还是社会，都不能想象会有自由而充分的发展。"②

社会分工推动了文明的巨大进步，但是这种进步是在新的对抗中实现的，人类总体力量的不断发展、社会生产力的提高、艺术科学的繁荣，是以人类个体存在的不断片面化、以个人片面地发展某一方面的能力而牺牲自身的完

---

① 马克思、恩格斯：《德意志意识形态》，《马克思恩格斯选集》第 1 卷，第 82 页。

② 马克思：《1844 年经济学－哲学手稿》，《马克思恩格斯全集》第 46 卷上，第 109、485 页。

整性为代价的。这种对抗最终又以阶级对抗的形式表现出来，一部分人的相对发展建立在另一部分人不能发展的基础上，一部分人的相对自由是以另一部分人被奴役为代价的，因此，泯灭了人类的多方面的潜能和天赋。

"资本的伟大的历史方面就是创造这种剩余劳动，即从单纯使用价值的观点，从单纯生存的观点来看的多余劳动……为发展丰富的个性创造出物质要素"。① 共产主义革命就是要废除对剩余劳动的资本主义占有，使巨量的剩余劳动化为未来社会得以发展的物质条件和充足的自由时间。

在未来共产主义社会里，人们享有充足的自由时间，充分发挥自己的一切爱好、兴趣和才能，个性得到自由发展，个人在艺术、科学诸方面都会有全面的发展，上午打猎，下午捕鱼，晚上从事理论批判。这种使人摆脱物质束缚，充分发挥个人的才能和天赋的社会，才是真正自由的社会。唯有在这样的社会里，自由的理想才会与无情的现实合为一体，人们才能摆脱一切束缚，完全告别锁链，品尝到自由这人生最醇香的美酒。

---

① 马克思：《1844 年经济学－哲学手稿》，《马克思恩格斯全集》第 46 卷上，第 287 页。

题跋

> 自由，那是你的旗帜，
>
> 虽被撕破却迎风飘飞，
>
> 迎着那狂风飞舞的旗，
>
> 就像长天的疾雨和奔雷。
>
> ——拜伦

（1）法国启蒙运动和法国大革命所依据、奉行、确立和传播的自由原则，是人类思想史上最伟大的观念之一，它不仅是资产阶级革命和资本主义社会规范人际关系、调节经济运行的基本原则，也是鼓舞无产阶级和社会主义者向更高的社会形态迈进的崇高理想和目标。

（2）自由并不是人的天赋权利。至于天赋权利说，它则是以理性主义的自然法学说为基础的，所谓天赋在这里就是指自然或天然，按理性主义哲学家的理解，自然的或天赋的东西是最确定的，是其他一切东西的基础，它不是时间上在先，而是原则上在先，也就是说，它不是就时间的顺序而言先于其他一切原则，或者先于人自身或与人自身同时而产生的，而是说，它是更为基础、更为本质的原则，它本身蕴涵着其他一切东西的确定性。在这个意义上才可以说，自由是人的天赋权利，正如伏尔泰所说，人性的最大天赋叫作自由。

然而，权利是一个政治范畴。人生活在社会中而不是生活在自然中，人是社会的动物而不是自然的动物，理性主义者虚构的逻辑起点——天赋的原则是根本不存在的。人的一切权利都来自社会，不来自自然，自由也是一定的社会关系和一定的经济关系的体现。在这个意义上讲，自由不是人的天赋权利，只存在社会的或政治的自由，不存在自然的自由。

（3）自由是一种政治权利。人们在社会生活中，都应享有最基本的政治权利，如言论自由、出版自由、人格独立等等。任何对别人的奴役都是对自由的践踏。然而，既然是政治权利，自由就必然有一定的限制。人们追求的不是压迫其他人的权利，而是按照自己的选择和思考行事的权利，并且当人们这样做的时候，不可妨碍其他人同样地去做。良心自由、信仰自由和思想自由是绝对的，而言论自由、出版自由和行动自由却是相对的。良心、信仰和思想都是在人的头脑中骚动的，不直接与别人发生关系，因此也不存在妨碍他人的问题。18 世纪英国文学家撒缪尔·约翰逊说过："每个人天生就有权思之所欲思，因为他要如何去思想，旁人是不会知道的。"要使社会不断进步，使文明不断发展，社会就必须允许人们思想自由，否则社会就没有创新，就会像一潭死水，腐败发臭。当代英国大哲学家罗素指出："思想对于特权冷酷无情，对于社会风尚具有建设性……思想能步入地狱的深渊而无恐惧。一个人在它面前仅是沧海之一粟，四周为无限深厚的寂默所笼罩，而思想却举止高傲，就像宇宙的主宰那样不可动摇。思想是伟大的、敏捷的和自由的，它是普照世界之光，它也是人类最大的光荣。"

思想不会也不应该无声无息、地在"睡帽"里默默消失，社会需要有创造性的和批判性的思想交流，因此就需要有言论自由和出版自由，即表现自由，这本身无疑是政治的基本内涵。但是在政治社会中，表现自由不可能是绝对的：其一，言论和出版背后总是与某一社会集团或阶级的利益联系在一起的，金钱、社会地位、权势等等，往往驾驭着人们的舆论。其二，任何人的言论或出版自由都必须以不诽谤、诬蔑、中伤、压制别人为限。

（4）自由是一种道德态度。自由具有一种伦理价值的意义，表现为对人的尊重。人们不可把别人当作工具，也不许别人把自己当作工具。作为目的，反映了人存在的价值和独立的人格；而作为工具，却是对人格的蔑视和奴役。人们的自由有赖于别人，一个人得到自由的同时，也就产生让别人得到自由的责任和义务。我们只能期待别人自由，或为别人的自由创造某些条件；而不能强迫别人自由，剥夺别人选择自由的自由。自由总是具体的，而不是抽象的，为了抽象的原则而牺牲人们的自由，是缺乏道德感的行为。

（5）自由是一种生存价值，是一种人生观，是人们对自身的评估和对自身的认识。在忠顺的奴仆眼中，诚实地服从自己的主子就是自由；对于路易十四的朝臣来说，"太阳王"的绝对统治权力便是他们自由的实现；笛卡尔悄悄地把自己的著作送到荷兰出版时，并没有觉得自己不自由；伏尔泰流亡异邦，无所顾忌地出版反对法国旧制度的著作却仍感到不自由；卢梭把自己的钟卖掉，不再穿精美的衬衣，隐退到蒙莫朗西山中，过着绝弃文明、返朴归真的清贫生活，他认为这是最自由的；黑格尔把普鲁士王国看成是绝对精神的体现，他自由地遨漫在精神世界，沾沾自喜；克鲁泡特金却感到有国家的存在就没有自己的自由；有些人深谙权谋，把在权力之争中的得心应手视为自由；而有的人却认为，湘西的山民不知流年的朝事是最为自由的。

19世纪英国诗人和评论家阿尔诺德认为："热爱自由只不过是人们为了施展其扩展的天性。因此，只要人们发现自己受到强权的凌辱和欺压，便意味着这种人类天性受到了破坏。"20世纪德国哲学家稚斯贝尔斯说过："自由的人就是在他那以自己的抉择及其后果为内容的命运所给他注定了的处境中历史地明了其自己的那种人。"而有些人却"孤芳自赏，对命运逆来顺受，在应事接物中玩世不恭，逢场作戏，在思想意识上放浪形骸，无所禁忌"，以为这样可以得到自由。

人们对世界、对人生的价值的看法不同，对自由的理解也自然会各有所异。自由本身就是一种人生观。

（6）自由是一种心理需要。社会环境和社会地位的不同，使人们心里产生不同的要求。专制的国家中，人们的物质生活未必就比民主的国家差，但是人们在物质生活之外，还有精神的欲求，人们渴望精神的独立，渴望在政治上自己统治和管理自己，以求在经济和权力的重压下得到心理上的平衡。同样，如果社会无限制地鼓励个人自由，就会如弗罗姆说的那样，给个人带来孤独感和不安全感，促使他们畏惧自由，逃避自由，寻求与自由相反的东西，也是一种心理满足。歌德提出，只要人们知足，就有足够的自由。这句话没有错，但是什么问题也没有解决，因为知足本身是没有明确的限定的。

任何一个社会的统治者，要想很好地治理国家，不可不注意人们对自由的心理要求。社会中有许多矛盾从本质上讲并不是不可调和的，在一些场合下，只要给人们言论自由，让人们把自己的想法讲出来，使他们的情绪平静下来，有些问题在表现的过程中就会自然而然地得以解决和消融。

（7）自由是人们法律关系的体现。西方真正严肃的、有教养的思想家，不论是保守主义者，还是自由主义者都不主张绝对的政治自由，从洛克到现代思想家一般都认为，在一个有法律的社会里，自由仅仅是一个人能够做他应该做的事情，而不被强迫做他不应该做的事情。自由是在法律规定的范围之内的自由，任何人都可享有自己的自由，但是这个自由不可妨碍他人的自由，不可侵犯他人的权利。一个人的行为，一旦对他人产生有害的影响，都必须为自己的行为承担法律责任。资产阶级思想家为了本阶级的利益也不会同意绝对的自由，而主张绝对自由的却是那些无政府主义者。边沁在《无政府主义之谬误》中指出："行使自由的行为不能对公众有所危害，既不能有任何危害，也不能因其能有相等的利益作补偿便允许这种危害的存在。"撒缪尔·约翰逊说过："每个人都有权表达他认为是真理的东西，而其他人也都有权不尊崇这个东西。"这便是人们的自由。

自由必须限制在法律的范围内，而法律的制定不是随意的，它也必须以自由原则为基础，也就是它应该以大多数人的幸福为目的，应该是公民意志的体现。法律的制定必须以某种形式取得公民的同意，它不能是个别人随心所欲的玩物。

法律不可能取得全民的同意，而总是多数人意志的体现。但是法律也应该保护那些少数人的基本权利。正如美国第三任总统、《独立宣言》的起草人杰斐逊说的："大家都会记牢这个神圣的原则：虽然多数人的意志在任何情况下必然会占上风，这种意志必须合理才能正确；但少数人也享有同等的权利，这种权利必须用同等的法律加以保护，如果侵犯，就构成压迫。"

历史上任何革命都无不是在既有的法律条件下发生的，因此任何革命都是"非法的"，正像罗伯斯比尔在回应别人的指责时所说的那样："所有这些事情（指雅各宾专政）都是非法的，同大革命、推翻国王、攻占巴士底狱一样地非法，也同自由本身一样地非法。"旧王朝、旧制度已失去民心，革命者代表着大多数人民的意愿，因此这种"非法"是合乎理性的，理性是超越法律之上的。如果革命者没有违反既定的法律，政府就无权给予处罚；如果政府没有侵犯革命者最基本的人权和自由，那也不构成迫害。革命者推翻了反动政府，为理想牺牲了自己的一切，这就是革命者争取自由的代价。

（8）自由是人们精神关系的体现。文学艺术的发展并不取决于政治状况，在专制统治下与在民主制度中一样，都有可能产生杰出的作品。希腊黄金时代的作品，既有出自雅典人之手的，也有出自斯巴达人之手的；文艺复兴时期的意大利远不是一个民主国家。然而自由宽松的气氛与艺术作品的风格有密切的关系。

宗教信仰自由历来是自由原则的重要组成部分。神学家追求的是精神的自由，托马斯·阿奎那讲过："一个人受制于另一个人的奴隶状况，只存在于肉体方面而不存在于精神方面，因为精神始终是自由的。"而启蒙思想家不仅追求肉体的解放，而且也要摆脱宗教事实上给人们精神造成的束缚。

黑格尔说："精神的一切属性都来自自由，都是争取达到自由的手段，都在追求着并产生着自由。自由是精神的唯一真理。"

（9）自由是人们经济关系的体现。不同的阶级、不同的利益集团，出于不同的经济目的，对自由的理解和要求也是不同的。社会主义者认为，要实现真正的自由，首先必须实现经济上的平等，不摆脱资本的奴役，便无自由可言。温斯坦莱早就讲过，真正的自由在于人人都丰衣足食，食不果腹、衣不御寒的人，其精神必遭奴役。对于马克思主义来说，资本主义的自由实质上是贸易自由、竞争自由、资本运行自由、工人出卖劳动力自由，小资产者和小农有失去财产的自由，无产者有被人榨取剩余价值的自由。

（10）自由是人类未来社会的理想。借用雅斯贝尔斯的话来说："在西方世界的历史里，只呈现着一些个别成功的自由之光的岛屿。大多数争取自由的尝试都已失败了。西方历史所走的道路，决不是一条自由愈来愈多的历史道路。到了今天，西方世界正在急剧地堕入不自由之中。由于技术进入大量生产时代，自由似乎比历史上任何时期都更加不可能了。差不多所有的人都只为当前一瞬间活着。没有将来的远大前景，没有蕴藏在自己的过去和公共的历史中的深厚根基，人的生活就仅仅是坐办公室、强制劳动和有组织的休闲。这就使自由完全消失了，这就使今天的真正人性被埋没了。"

我们的未来社会，一定要消灭技术的进步给人造成的异化，以实现人的真正自由为目的。共产主义社会没有资本的压迫，没有分工的局限，没有统治者，没有官僚，社会产品极大丰富，人们结成"自由人联合体"，无论在物质上还是在精神上，人们都是自己的主人，从而实现真正的自由。西塞罗在两千多年前就说过："哪里有主人的精神存在，哪里就有自由。"

歌德杰作《浮士德》中的主人公浮士德最后的诗句是这样的：

　　　　是的，我要向这种精神献身，

　　　　它是智慧的最后总结：

　　　　每天争取自由和生存的人，

　　　　才有享受两者的权利。

　　　　因此在这里，幼者壮者和老者，

　　　　都在危险中度过有为的岁月。

　　　　我愿看到这样的人群，

　　　　在自由的土地上跟自由的人民结邻！

　　　　那时，让我对那一瞬间开口：

　　　　停一停吧，你真美丽！

　　　　我的尘世生涯的痕迹就能够

　　　　永世永劫不会消逝。

主要参考书目

1. 《伏尔泰全集》（oeuvres Complètes de Voltaire），路易·莫兰编，巴黎 1877—1885 年法文版。

2. 《伏尔泰著作集》（The Works of Voltaire），威廉·弗来明译编，纽约 1929 年英文版。

3. 《伏尔泰最著名的著作》（The Best Known Works of Voltaire），W·J·布莱克编，纽约 1927 年英文版。

4. 伏尔泰：《哲学通信》，上海人民出版社 1961 年版。

5. 伏尔泰：《路易十四时代》，商务印书馆 1982 年版。

6. A. O. 奥尔德里奇：《伏尔泰与启蒙时代》（Voltaire and the Light Century），普林斯顿大学出版社 1975 年英文版。

7. E. 尼克松：《伏尔泰与卡拉案件》（Voltaire and Calas Case），伦敦 1961 年英文版。

8. P. 盖伊：《伏尔泰的政治学：现实主义诗人》（Voltaire's Politics, The Poet as Realist），普林斯顿大学出版社 1959 年英文版。

9. A. 莫洛亚：《伏尔泰永葆青春的思想》（The Living Thought of Voltaire），1937 年英文版。

10. A. 莫洛亚：《伏尔泰传》，载《傅译传记五种》三联书店

1983 年版。

11. J. 莫利：《伏尔泰》（Voltaire），载弗来明译编《伏尔泰著作集》第 21 卷下册。

12. 霍布斯：《利维坦》，商务印书馆 1985 年版。

13. 弥尔顿：《为英国人民辩护》，商务印书馆 1959 年版。

14. 弥尔顿：《建设自由共和国的简易办法》，商务印书馆 1964 年版。

15. 弥尔顿：《论出版自由》，商务印书馆 1958 年版。

16. 洛克：《政府论》，下篇，商务印书馆 1964 年版。

17. 洛克：《人类理解论》，商务印书馆 1959 年版。

18. 洛克：《论宗教宽容》，商务印书馆 1982 年版。

19. 卢梭：《忏悔录》，人民文学出版社 1980 年版，两卷。

20. 卢梭：《社会契约论》，商务印书馆 1980 年版。

21. 卢梭：《论人类不平等的起源和基础》，商务印书馆 1962 年版。

22. 卢梭：《论政治经济学》，商务印书馆 1962 年版。

23. 卢梭：《一个孤独的散步者的遐想》，湖南人民出版社 1986 年版。

24. J. 米勒：《卢梭：民主的梦想者》（Rousseau：Dreamer of Democracy），耶鲁大学出版社 1984 年英文版。

25. 《狄德罗全集》（oeuvres Complètes de Didrot），巴黎 1875 年法文版。

26. A. 比利：《狄德罗传》，商务印书馆 1984 年版。

27. 霍尔巴赫：《自然政治》（La Politique naturelle），夏尔特尔 1773 年法文版。

28. 孔多塞：《人类理性进步的历史概观》（Esquisse d'un tableau historique des progrès des lèsprit humain），巴黎 1794 年法文版。

29. 孟德斯鸠：《论法的精神》，商务印书馆 1963 年版。

30. 孟德斯鸠：《波斯人信札》，人民文学出版社 1963 年版。

31. 亚当·斯密：《国富论》，商务印书馆 1972 年版。

32. 杜·斯图尔特：《亚当·斯密的生平和著作》，商务印书馆 1983 年版。

33. 休谟：《人性论》，商务印书馆 1980 年版。

34. 罗伯斯比尔：《革命的法制和审判》，商务印书馆 1965 年版。

35. 热·瓦尔特：《罗伯斯比尔》，商务印书馆 1983 年版。

36. 伯克：《法国革命感想录》（Reflections on the French Revolution），伦敦 1910 年英文版。

37. 《潘恩选集》，商务印书馆 1982 年版。

38. 利·顾尔科：《潘恩：自由的使者》，商务印书馆 1984 年版。

39. 葛德文：《政治正义论》，商务印书馆 1982 年版，三卷。

40. 雪莱：《伊斯兰的起义》，上海译文出版社 1978 年版。

41. 《雪莱政治论文选》，商务印书馆 1982 年版。

42. A. 莫洛亚：《雪莱传》，上海文艺出版社 1981 年版。

43. 《圣西门选集》，商务印书馆 1979 年版，三卷。

44. 斯塔尔夫人：《论文学》，人民文学出版社 1986 年版。

45. 斯塔尔夫人：《德国的文学与艺术》，人民文学出版社 1981 年版。

46. 《歌德谈话录》，人民文学出版社 1978 年版。

47. 阿·古留加：《康德传》，商务印书馆 1981 年版。

48. 卡·福尔伦德：《康德生平》，商务印书馆 1986 年版。

49. 李泽厚：《批判哲学的批判》，人民出版社 1979 年版。

50. 黑格尔：《法哲学原理》，商务印书馆 1961 年版。

51. 黑格尔：《精神现象学》，商务印书馆 1979 年版，两卷。

52. 黑格尔：《哲学史讲演录》，第 4 卷，商务印书馆 1979

年版。

53. 黑格尔：《历史哲学》，三联书店 1956 年版。

54. 阿·古留加：《黑格尔小传》，商务印书馆 1978 年版。

55. 约·斯·密尔：《论自由》，商务印书馆 1959 年版。

56. 克鲁泡特金：《面包与自由》，商务印书馆 1982 年版。

57. 克鲁泡特金：《法国大革命史》，上海北新书局 1930 年版，
两卷。

58. 克鲁泡特金：《一个反抗者的话》，上海平明书店 1948
年版。

59. 杜威：《人的问题》，上海人民出版社 1965 年版。

60. 杜威：《自由与文化》，商务印书馆 1964 年版。

61. 塞西尔：《保守主义》，商务印书馆 1986 年版。

62. 哈耶克：《通向奴役的道路》，商务印书馆 1962 年版。

63. 米·弗里德曼：《资本主义与自由》，商务印书馆 1986
年版。

64. 米·弗里德曼：《自由选择》，商务印书馆 1982 年版。

65. 《西方思想伟大宝库》 （Great Treasury of Western
Thought），阿德勒和范多伦编，纽约/伦敦 1978 年英文版。

66. 萨拜因：《政治学说史》，商务印书馆 1986 年版，两卷。

67. 《十八世纪法国哲学》，商务印书馆 1979 年版。

68. 海涅：《论德国宗教和哲学的历史》，商务印书馆 1974
年版。

69. 米涅：《法国革命史》，商务印书馆 1977 年版。

70. 马迪厄：《法国革命史》，商务印书馆 1963 年版。

71. 基佐：《1640 年英国革命史》，商务印书馆 1985 年版。

72. 《马克思恩格斯全集》中文版。

73. 《马克思恩格斯选集》中文版。

74. 马克思：《资本论》中文版。

后 记

这本书是我打算为纪念法国大革命两百周年而写的三部曲之一，为了能在 1989 年 7 月 14 日之前完成这三部曲，只好提前动笔了。法国大革命是人类历史上最深刻的革命之一，按恩格斯的讲法，现代社会主义运动本身就是法国大革命的各项原则的继续和发展。法国大革命的基本原则是什么？是如何产生和确立的？对人类政治、经济、文化、伦理等诸方面有哪些影响？在革命中和革命后的实践中暴露了哪些问题？各个时期的思想家对它做了哪些修正？各个派别思想家提出了哪些批判和新的见解？经过两百年的风风雨雨，它的现状如何？这些问题值得人们认真反思。我写这本书的主要目的仅仅是大致地介绍一下有关情况，因学识浅薄，不遑做更多地分析。至于书中可能出现的问题，我想，书的内容本身就是我的回答。

这本书的完成应感谢两位同志，一位是人民出版社的方鸣同志，没有他的鼓励和督促，这本书恐怕永远是腹稿。另一位是我的夫人陶建平同志，她为我做了大量令人厌烦的查找资料和誊写工作。

我感谢读者提出宝贵意见。

作者

1987 年 7 月 14 日识于京西大有庄 100 号

再版后记

　　我是站在案前完成这本书修改的。并不是因为我有什么椎患，铮铮铁骨，虎背熊腰。每当我试图坐下小歇，眼前总是臆幻着百科全书派的领袖们手挽着手冲进巴士底狱；每当我试图坐下小歇，耳旁总是幻响起高举着大革命旗帜的拿破仑金戈铁马的进军鼓声；每当我试图坐下小歇，心中总是响起贝多芬歌颂那些为人类自由献身的精神们谱写的乐章；每当我试图坐下小歇，脑海里总抹不去纪念法国大革命200年的那场烽火硝烟……。

　　吾辈尚有思，毛笔当旌旗。

　　十几年过去了，有幸的是方鸣先生还是我的挚友，是出版界的翘楚。在他的安排下这本小册子再梓。

　　这次再版前，我对全书作了较大的修改，从体例到行文，甚至译文，都有较大调整，尽量纠正旧版疏讹。书名是方鸣先生起的，更能涵括本书内容，当年因为与另一本同时发行的书巧合故弃用，今当恢复。

　　感谢高福庆先生热情帮助，朋友之情怎一个谢字了之？

作者

2012 年 7 月 14 日补识于京西巴沟村 1 号